사고력 마스터 시리즈

포켓몬스터
과학 퀴즈 도감

이 책의 구성

본문

퀴즈

① 6가지 주제별로 나뉘어진 과학 퀴즈 100개를 담았어요. 문제 속에도 과학 지식이 알차게 담겨 있어요.

② 포켓몬에 대한 정보를 쏙쏙 담았어요. 퀴즈의 정답이나 힌트가 숨어 있어요!

정답

③ 정답과 해설을 보며 과학 개념을 쑥쑥 키워 보세요!

④ 과학은 물론, 다양한 분야의 상식과 흥미진진한 정보도 덤으로 배울 수 있어요.

부록

미로 찾기, 낱말 퍼즐 등 포켓몬과 함께 게임을 하며 재미있는 시간을 보내 보세요!

이 책의 구성

이 책의 구성 ·· 2

1장 생활 속 과학 ·· 5
알쏭달쏭 OX퀴즈 ·· 45
지금 보이는 포켓몬은 누구일까요? ································ 46

2장 움직이는 힘과 에너지 ······································ 47
숨겨진 이름을 찾아라! ·· 77
재미 팡팡! 낱말 퍼즐 ·· 78

3장 신비한 지구와 우주 ··· 79
어떤 포켓몬에 대한 설명일까요? ··································· 127
꽁꽁 숨은 꽁어름을 찾아라! ··· 128

4장 놀라운 우리의 몸 ·· 129
실루엣을 찾아라! ·· 151
포켓몬 도감 체크! 체크! ·· 152

5장 흥미진진한 동물의 세계 ··································· 153
이름을 완성해 줘! ··· 201
물타입 포켓몬은 모두 몇 마리일까요? ··························· 202

6장 신기한 식물의 세계 ··· 203
빈칸 쏙쏙! 재미 통통! ··· 227

정답 ·· 228
찾아보기 ··· 229

1장 생활 속 과학

생활 속 과학

#우리 주변　　　#용수철　　　#일상

　　#안테나　　　　#칼

　　　　　　　　　　#냉장고

**우리 생활과 밀접하게 관련 있는
과학 개념들을 담았어요!**

Quiz 01

이것은 불빛을 내는 데 쓰는 물건 중 하나예요. 어두운 방에 이것을 켜면 주위가 환해지지요. 몸체인 파라핀*이 뜨거운 불에 녹아 기체로 바뀌면, 그 기체가 공기 중의 산소와 만나 불꽃이 계속 타오르는 거예요. 생일 날 케이크 위에 꽂고 소원을 빌기도 하고, 바람이 불면 불빛이 쉽게 꺼지기도 하는 이것은 무엇일까요?

① 풀   ② 초   ③ 흙

No. 0607
불켜미
양초포켓몬

타입:고스트, 불꽃
키:0.3m 몸무게:3.1kg

평소 불꽃은 꺼져 있지만 사람이나 포켓몬의 생명력을 흡수하면 불꽃이 반짝여요.

*파라핀: 원유(땅속에서 뽑아낸 그대로의 기름)를 정제(물질에 섞인 불순물을 없애 그 물질을 더 순수하게 함)할 때 생기는, 희고 냄새가 없는 반투명한 고체.

01 · 정답

② 초

초는 일반적으로 몸체를 구성하고 있는 부분(파라핀)과 가운데 심지(실)로 이루어져 있어요. 심지에 불을 붙이면 열에 의해 파라핀이 녹게 되고, 녹은 파라핀이 심지를 타고 올라가면서 기체로 변해요. 이 기체가 산소와 만나 활활 타오르는 불꽃을 만들지요. 초가 녹고, 녹은 파라핀이 기체가 되고, 그 기체에 불이 붙는 과정이 반복되면서 꺼지지 않고 타오르는 거예요.

흥미진진 정보 톡톡

불이 타오르려면 탈 수 있는 물질, 산소, 발화점* 이상의 온도가 꼭 필요해요. 촛불을 입으로 훅 불면 입에서 나온 이산화탄소가 산소를 잠시 차단하면서 불이 꺼지게 돼요.

No. 0077
포니타
불의말포켓몬
타입: 불꽃
키: 1.0m 몸무게: 30.0kg

태어나서 1시간이 지나면 불꽃의 갈기와 꼬리가 자라나 멋진 모습이 돼요.

*발화점: 공기나 산소 속에서 물질을 가열할 때 스스로 발화하여 연소를 시작하는 최저 온도.

Quiz 02

학교에서 과학 실험을 할 때 무언가를 따뜻하게 데우거나 가열하기 위해 이것을 많이 사용해요. 학교에서 쓰는 대표적인 실험 기구로, 주로 에탄올이나 메탄올 같은 알코올을 연료로 사용하고, 연료를 빨아들인 심지에 불을 붙이면 불꽃이 만들어져요. 불을 끌 때는 뚜껑을 덮어 쉽게 불을 끌 수 있지요.

① 알코올램프　② 손전등　③ 우산

No. 0608
램프라
램프포켓몬
타입: 고스트, 불꽃
키: 0.6m　몸무게: 13.0kg

임종 때 나타나서 영혼이 육체를 떠나면 재빨리 빨아들여 버려요.

02 · 정답

① 알코올램프

램프에는 여러 종류가 있어요. 오늘날 많이 사용하는 전구, 가로등, 헤드라이트 등도 모두 램프라고 할 수 있지요. 이런 램프들은 무언가를 밝게 비추는 역할을 해요. 반면 우리가 학교 실험실에서 볼 수 있는 알코올램프는 무언가를 가열할 때 써요. 연료로는 에탄올 같은 알코올을 주로 쓰지요. 알코올은 휘발성*이 놓고, 그을음 없이 깨끗하게 타는 장점이 있어요.

흥미진진 정보 톡톡

반딧불이의 배에는 산소와 만나면 빛이 나는 특수한 세포가 있어요. 그래서 고대 로마와 중국 등에서는 반딧불이를 병에 넣어 램프처럼 사용했다고 해요.

No. 0313
볼비트
반딧불포켓몬
타입: 벌레
키: 0.7m 몸무게: 17.7kg

엉덩이의 빛을 반짝거려 동료와 대화해요. 네오비트가 내는 달콤한 향기를 아주 좋아해요.

*휘발성: 보통 온도에서 액체가 기체로 되어 날아 흩어지는 성질.

Quiz 03

이것은 해가 떠 있는 밝은 날이나 조명이 켜진 곳에 가면 나의 모습대로 벽이나 바닥에 나타나요. 빛의 위치나 각도에 따라 길게 보일 때도 있고, 짧게 보일 때도 있지요. 우리에게 빛이 직진한다는 것을 알 수 있도록 해 주는 이것은 무엇일까요?

① 사진   ② 그림   ③ 그림자

No. 0094

팬텀

그림자포켓몬

타입: 고스트, 독
키: 1.5m 몸무게: 40.5kg

생명을 빼앗기로 정한 먹잇감의 그림자에 숨어들어 꼼짝하지 않고 기회를 노려요.

03 · 정답

③ 그림자

그림자는 빛이 물체에 가려져서 생기는 어두운 부분을 말해요. 조금 더 풀어서 생각해 보면 빛이 어떠한 물체 뒤쪽으로 가지 못하게 되면서 그 물체의 모양이 어두운 형태로 나타나는 것이지요. 그림자를 통해 우리는 빛이 직진한다는 걸 알 수 있어요. 그림자는 빛이 물체에 가까울수록 크고 선명하고, 멀어질수록 작고 희미해져요.

흥미진진 정보 톡톡

달이 태양과 지구 사이에 일직선 상으로 위치할 때 달이 태양을 가리는 일식이, 지구가 태양과 달 사이에 일직선으로 위치할 때 지구의 그림자에 달이 가려지는 월식이 일어나요.

No. 0488
크레세리아
초승달포켓몬
타입: 에스퍼
키: 1.5m 몸무게: 85.6kg

비행할 때는 베일 같은 날개에서 빛나는 입자를 흩뿌려요. 초승달의 화신으로 불리고 있어요.

Quiz 04

이것은 바람이 부는 날에 더 높이 띄울 수 있고, 줄을 잡고 조종할 수도 있어요. 우리나라에서는 가오리 모양과 방패 모양이 전통적으로 널리 알려져 있지요. 미국의 과학자 벤저민 프랭클린(1706~1790)은 이것의 끝에 뾰족한 금속 침을 설치해서 번개가 전기라는 것을 알아냈어요.

① 껌 ② 연 ③ 활

No. 0226
만타인
연포켓몬
타입:물, 비행 키:2.1m 몸무게:220.0kg

파도가 조용할 때는 드넓은 창해를 나는 듯이 헤엄치는 만타인의 무리와 조우해요.

04 · 정답

② 연

1752년 폭풍우가 거세게 몰아치고 번개가 번득이는 어느 날, 벤저민 프랭클린은 연 끝에 뾰족한 금속 침을 설치하고 연줄에 금속 열쇠를 매단 뒤 연을 비구름 속으로 날려 보냈어요. 잠시 후 연에 있는 금속 침에 번개가 떨어졌고, 열쇠에서 전기로 인해 불꽃이 튀었어요. 이 실험을 통해 벤저민 프랭클린은 번개가 전기라는 사실을 입증했어요.

흥미진진 정보 톡톡

구름 속의 작은 물방울과 얼음 결정이 서로 부딪히면 정전기가 발생해요. 이 정전기가 계속 쌓이다가 구름과 지면 혹은 구름과 구름 사이에 방전*이 일어나 번개와 천둥이 나타나요.

No. 0135

쥬피썬더
번개포켓몬
타입: 전기
키: 0.8m   몸무게: 24.5kg

세포가 내고 있는 약한 전기를 하나로 모아서 강력한 전기를 발산해요.

*방전: 전기를 띤 물체에서 전기가 외부로 흘러나오는 현상.

Quiz 05

이것은 쇠붙이나 철로 만든 물건을 강하게 끌어당기는 힘을 가지고 있어요. **이것**의 양쪽 끝은 이 힘이 가장 센 곳인데 이곳을 극이라고 해요. 극에는 N극과 S극이 있으며, 서로 다른 극끼리는 끌어당기고 같은 극끼리는 밀어내는 특성이 있어요.

① 자석   ② 화석   ③ 보석

No. 0081

코일

자석포켓몬

타입: 전기, 강철
키: 0.3m 몸무게: 6.0kg

좌우에 있는 유닛에서 나오는 전자파를 이용해 중력을 거슬러 하늘에 떠 있어요.

05 · 정답

① 자석

철과 같은 쇠붙이를 끌어당기는 성질을 자성이라고 하며 자성을 가진 물체를 자석이라고 해요. 또한 이러한 자석의 힘을 자기력이라고 하지요. 철과 니켈 같이 자석에 잘 달라붙는 물질을 강자성체, 알루미늄이나 플라스틱, 고무, 유리처럼 자석에 달라붙지 않는 물질을 비자성체라고 해요.

흥미진진 정보 톡톡

자석은 안에 있는 자성을 가진 입자*들이 한 방향으로 쭉 줄을 맞춰 있는 거예요. 그런데 자석을 망치로 세게 두드리면 입자들이 흩어지고 엉키면서 자석의 힘이 약해지거나 사라져요.

No. 0958
벼리짱
해머포켓몬
타입: 페어리, 강철
키: 0.7m 몸무게: 59.1kg

크고 튼튼한 해머를 만들기 위해 절각참 무리를 습격해서 금속을 모아요.

*입자: 물질을 구성하는 미세한 크기의 물체.

Quiz 06

이것은 전파를 수신하고 보내는 역할을 해요. 주로 높은 곳에 설치되기 때문에 빌딩 옥상이나 높은 탑에 있는 것을 볼 수 있지요. 이것은 우리가 TV나 라디오 또는 스마트폰으로 신호를 받을 때도 필요해요. 전파를 잘 받을 수 있도록 하고, 전파를 외부로 보낼 수도 있어요.

① 파라솔   ② 더듬이   ③ 안테나

No. 0702
데덴네
안테나포켓몬
타입: 전기, 페어리
키: 0.2m 몸무게: 2.2kg

몸집이 작고 발전 기관이 미숙하기 때문에 사람이 사는 집의 전기를 꼬리를 통해 흡수해서 충전해요.

06 · 정답

③ 안테나

안테나는 공기나 진공 속을 빠르게 지나가는 전파라는 무선 신호를 받거나 보내는 역할을 해요. TV, 라디오, 스마트폰 등은 모두 전파를 통해 정보를 받지요. 안테나가 전파를 모아 전기 신호로 바꿔 주면 이 전기 신호가 기기 안의 회로를 거쳐 우리가 보는 화면이나 듣는 소리로 바뀌는 거예요.

흥미진진 정보 톡톡

레이더는 전파를 이용해 물체의 위치나 거리를 알아내는 장치예요. 동물의 더듬이는 전파를 쓰지는 않지만 냄새, 진동 등을 감지해 주변을 탐색한다는 점에서 레이더와 비슷해요.

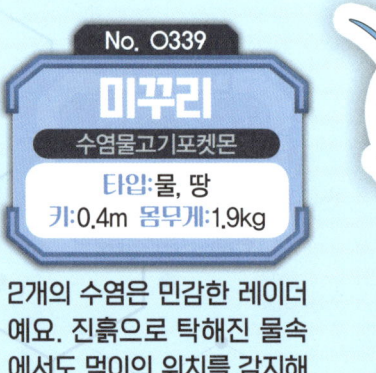

No. 0339
미꾸리
수염물고기포켓몬
타입 : 물, 땅
키 : 0.4m 몸무게 : 1.9kg

2개의 수염은 민감한 레이더예요. 진흙으로 탁해진 물속에서도 먹이의 위치를 감지해요.

Quiz 07

이것은 자동차, 철근, 수도꼭지처럼 우리가 자주 보는 여러 가지 물건에 많이 쓰여요. 단단하고 빛이 나는 것들이 많지요. 철, 구리, 알루미늄 등이 **이것**에 속해요. 대부분 자연에서 원소*나 광석의 형태로 발견되고, 사람들이 다른 재료와 섞거나 특별한 처리를 하여 더 튼튼하게 만들기도 해요.

① 실리콘　② 금속　③ 나무

No. 0379
레지스틸
쇠철포켓몬
타입:강철
키:1.9m　몸무게:205.0kg

몇만 년 동안 지하의 압력에 의해서 단련된 금속의 몸은 상처 하나 입지 않아요.

*원소: 모든 물질을 구성하는 기본적 요소.

07 · 정답

② 금속

금속은 열이나 전기를 잘 전달하고, 펴지고 늘어나는 성질이 있으며, 특수한 광택을 가진 물질을 통틀어 이르는 말이에요. 우리가 흔히 떠올리는 금속은 딱딱한 고체지만, 수은처럼 상온에서 액체인 것도 있어요. 금속을 서로 섞으면 더 튼튼하고 좋은 성질을 가진 합금을 만들 수 있어요. 예를 들어 철과 탄소를 섞으면 강철이 되지요.

흥미진진 정보 톡톡

금속은 외부에서 힘을 받아도 쉽게 부서지지 않아요. 단단하고 튼튼하지요. 쉽게 긁히거나 마모*되지도 않아요. 그래서 칼과 방패도 금속으로 만들어요.

No. 0681
킬가르도(실드폼)
왕검포켓몬
타입: 강철, 고스트
키: 1.7m 몸무게: 53.0kg

강력한 영력으로 사람과 포켓몬을 조종해 킬가르도의 입맛에 맞는 나라를 만들게 했어요.

*마모: 마찰 부분이 닳아서 없어짐.

Quiz 08

이것은 아주 오랜 옛날부터 사용해 온 도구 중 하나예요. 예전에는 대장장이가 불에 달군 금속을 두드려서 만들었고, 오늘날에는 기계로 자르거나 깎아서 만들기도 해요. 날카로운 면으로 무엇인가를 자르거나 깎고, 써는 데 사용하지요. 과거에는 사냥이나 전투에, 요즘에는 요리할 때 많이 쓰는 **이것**은 무엇일까요?

① 붓　　② 촉　　③ 칼

No. 0679
단칼빙
도검포켓몬
타입: 강철, 고스트
키: 0.8m　몸무게: 2.0kg

먼 옛날에 이 검에 의해 죽은 인간의 영혼이 단칼빙의 영혼이 되었어요.

08 · 정답

③ 칼

칼은 물건을 자르거나 써는 데 주로 쓰이는 도구예요. 날카로운 '날'과 손잡이인 '자루'로 이루어져 있지요. 칼이 물건을 자를 수 있는 것은 힘, 면적, 압력과 관계가 있어요. 같은 힘으로 누를 때 면적이 작을수록 압력이 커지거든요. 칼날은 아주 얇고 날카로워서 적은 힘으로도 큰 압력이 생겨요. 그래서 물건을 쉽게 자를 수 있는 거예요.

흥미진진 정보 톡톡

창도 칼 못지않게 옛날에 무기로 많이 사용되었어요. 중세 유럽 기사들은 말을 탄 채, 길고 끝이 뾰족한 '기병창'이라고 하는 무기를 들고 적에게 돌격했어요.

No. 0589
슈바르고
기병포켓몬
타입: 벌레, 강철
키: 1.0m 몸무게: 33.0kg

창을 겨누고 적에게 돌격해요. 창파나이트와의 결투를 그린 그림이 유명해요.

Quiz 09

나사는 회전하는 힘을 이용해 물체를 단단히 고정하는 도구로, 볼트와 **이것**이 있어요. **이것**은 볼트만으로 어떤 물체를 완벽하게 고정하기 어려울 때 함께 사용하지요. 같은 규격*의 볼트의 홈에 딱 맞게 끼워지고, 시계 반대 방향으로 돌리지 않으면 잘 풀리지 않아요. 덕분에 물체를 훨씬 더 단단히 고정할 수 있어요.

① 너트   ② 망치   ③ 하트

No. 0808
멜탄
너트포켓몬
타입 : 강철
키 : 0.2m 몸무게 : 8.0kg

걸쭉하게 녹은 강철의 몸을 가졌어요. 땅속의 철분이나 금속을 녹여서 흡수해요.

*규격: 제품이나 재료의 품질, 모양, 크기, 성능 따위의 일정한 표준.

09 · 정답

① 너트

너트는 볼트와 함께 쓰이는 도구로, 나사의 원리를 이용해 물체를 단단히 고정해 줘요. 볼트와 너트에는 소라 껍데기처럼 빙빙 감긴 나선형 홈이 있어요. 볼트는 겉면에, 너트는 안쪽에 이런 홈이 있어서, 서로 딱 맞게 끼워지지요. 나사를 돌리면 회전하는 힘이 홈을 따라 안쪽으로 들어가는 힘으로 바뀌면서 물체를 움직이지 않도록 꽉 잡아 주는 거예요.

흥미진진 정보 톡톡

너트와 볼트는 물체를 단단하게 고정할 수 있는 만큼 거대한 철골 구조물에도 쓰여요. 커다란 다리, 고층 빌딩, 공장, 심지어 우주 정거장을 만드는 데도 쓰이지요.

No. 0533
토쇠골
근골포켓몬
타입: 격투
키: 1.2m 몸무게: 40.0kg

철골을 짊어진 채 몸을 단련하고 있어요. 단련한 근육을 동료와 서로 보여 주며 자랑해요.

Quiz 10

이것은 원 모양에 날카로운 이가 여러 개 달려 있어요. 서로 맞물려 회전하면서 힘을 전달하거나 방향을 바꾸고, 속도도 조절할 수 있어요. 자동차, 시계, 자전거 등 우리 주변의 다양한 기계 속에 들어 있지요. 이것은 크기가 작을수록 더 정밀한 움직임을 만들 수 있어요.

① 굴렁쇠   ② 나사   ③ 톱니바퀴

No. 0599
기어르
톱니바퀴포켓몬
타입: 강철
키: 0.3m 몸무게: 21.0kg

2개의 몸은 쌍둥이보다도 가까워요. 다른 몸과 있으면 제대로 맞물리지 못해요.

10 · 정답

③ 톱니바퀴

톱니바퀴는 그 이름처럼 날카로운 이(톱니)가 있는 원형 부품이에요. 두 개의 톱니바퀴가 맞물려 있을 때 하나가 시계 방향으로 돌면, 다른 하나는 반시계 방향으로 돌아가지요. 톱니바퀴는 인류 역사에서 굉장히 오래된 기계 부품 중 하나로 고대 그리스 시대에도 쓰였어요. 오늘날에는 자전거 기어, 자동차 엔진 등 수많은 기계에서 중요한 역할을 하고 있어요.

흥미진진 정보 록록

만화나 소설 등 많은 창작물에서 톱니바퀴는 시간을 상징하는 물건으로 자주 나와요. 정밀하게 움직이는 시계를 작동시키는 중요한 부품이 톱니바퀴이기 때문이에요.

No. 0163
부우부
부엉이포켓몬
타입:노말, 비행
키:0.7m 몸무게:21.2kg

체내의 시간 감각은 어느 때든 정확해서 규칙적인 리듬으로 목을 기울여요.

Quiz 11

이것은 전기 에너지를 화학 에너지로 바꾸어 모아 두었다가 필요한 때에 전기로 바꾸어 기계나 장치가 작동하게 도와주어요. **이것** 덕분에 전기의 사용이 더욱 편리해졌어요. 어디서든 전선 없이도 전기를 자유롭게 사용할 수 있게 되었으니까요.

① 배터리　② 공유기　③ 와이파이

No. 0737
전지충이
배터리포켓몬
타입: 벌레, 전기
키: 0.5m　몸무게: 10.5kg

튼튼한 껍질로 몸을 보호하며 진화하기 위해 많은 양의 낙엽과 부엽토를 먹어요.

11 · 정답

① 배터리

일상에서 자주 사용하는 스마트폰, 리모컨 등은 모두 배터리가 일정한 전압으로 전기를 공급해 주기 때문에 작동할 수 있어요. 배터리는 종류에 따라 화학 반응을 일으켜 전기를 만들어 내기도 하고, 전기를 받아 화학 에너지로 다시 저장할 수도 있어요. 전자의 예로는 건전지, 후자의 예로는 충전해서 여러 번 사용할 수 있는 스마트폰 보조 배터리 등이 있어요.

흥미진진 정보 톡톡

장난감에 많이 쓰이는 배터리인 건전지에는 중금속, 유해 화학 물질이 들어 있어 환경에 큰 위험이 될 수 있기 때문에 잘 분리해서 버려야 해요.

No. 0569

더스트나
(거다이맥스의 모습)
쓰레기장포켓몬
타입: 독
키: 21.0m~ 몸무게: ????kg

거다이맥스의 파워에 의해 진해진 독가스가 버려진 장난감의 형태로 굳었어요.

Quiz 12

이것은 뜨거운 공기를 이용해 하늘로 떠오르는 기구로, 18세기 프랑스의 몽골피에 형제가 처음으로 만들었어요. 공기를 뜨겁게 데우면 공기의 밀도가 낮아지고, 주변의 차가운 공기보다 가벼워지면서 위쪽으로 올라가려고 하는데 이 원리를 이용한 것이지요. 오늘날에는 관광, 스포츠, 과학 연구 등 다양한 분야에서 쓰이고 있어요.

① 풍선　② 열기구　③ 지구

No. 0426
둥실라이드
기구포켓몬
타입: 고스트, 비행
키: 1.2m　몸무게: 15.0kg

몸 안에서 가스를 만들거나 토해 내며 하늘을 나는 높이를 조절해요.

12 · 정답

② 열기구

프랑스의 몽골피에 형제는 종이 공장을 하는 집에서 태어났어요. 어느 날 형 조제프(1740~1810)는 불에 탄 종이 조각이 하늘로 두둥실 떠오르는 신기한 광경을 목격했고, 동생 자크(1745~1799)와 함께 연구를 거듭했어요. 공기를 따뜻하게 데우면 위쪽으로 올라간다는 사실을 알게 된 형제는 1783년, 마침내 열기구를 만들어 하늘로 날려 보내는 데 성공했어요.

흥미진진 정보 톡톡

헬륨이라는 기체는 우리가 숨 쉬는 공기보다 훨씬 가벼워요. 끈을 놓치면 하늘 높이 날아가 버리는 풍선은 헬륨을 넣은 거예요.

No. 0425
흔들풍손
풍선포켓몬
타입: 고스트, 비행
키: 0.4m 몸무게: 1.2kg

풍선으로 착각해 흔들풍손을 가지고 있었던 어린아이가 사라지는 경우가 있다고 해요.

Quiz 13

이것은 나선형으로 된 쇠줄로, 탄력이 있어요. 누르거나 잡아당기면 모양이 바뀌지만, 손을 놓으면 다시 원래 모양으로 돌아오려고 해요. 이런 성질을 탄성이라고 하지요. 이것은 탄성을 이용해서 무언가를 튀어 오르게 하거나 충격을 줄여 주는 데에 자주 쓰여요.

① 고무줄　② 슬라임　③ 용수철

No. 0325
피그점프
바운스포켓몬
타입:에스퍼
키:0.7m 몸무게:30.6kg

뛰어오르는 것을 멈추면 죽는다고 해요. 머리에 이고 있는 진주가 사이코 파워를 증폭시켜 줘요.

13 · 정답

③ 용수철

용수철은 탄성을 이용한 물체로 우리 주변의 물건에서 생각보다 흔하게 볼 수 있어요. 볼펜 내부를 열어 보면 작은 용수철이 들어 있어요. 이 용수철이 심을 밀어내거나 원래 위치로 되돌리게 하는 역할을 하지요. 이 외에도 저울, 체중계, 시계, 장난감의 태엽 등 매우 다양한 곳에 쓰여요.

흥미진진 정보 톡톡

풍선이나 공이 계속 튕기는 것도 탄성과 관련이 있어요. 바닥에 부딪힌 부분이 충격으로 찌그러졌다가 원래의 형태로 돌아가려고 하기 때문에 다시 튕겨 오르는 거예요.

No. 0174
푸푸린
풍선포켓몬
타입: 노말, 페어리
키: 0.3m 몸무게: 1.0kg

은은하게 달콤한 향기가 나며 잘 튕기는 부드러운 몸은 한 번 튀기 시작하면 멈추지 않아요.

Quiz 14

이것 안에는 자침*이라고 하는 아주 작은 자석이 들어 있어요. 자침은 늘 북쪽을 가리키지요. 그래서 우리가 방향을 알고 싶을 때, 이것을 평평하게 놓고 자침이 가리키는 쪽을 보면 북쪽이 어디인지 쉽게 알 수 있어요.

① 나침반　② 온도계　③ 만보기

No. 0299
코코파스
컴퍼스포켓몬
타입:바위
키:1.0m　몸무게:97.0kg

코코파스의 코의 자석은 절대로 고장 나지 않아서 여행하는 트레이너의 좋은 파트너예요.

*자침: 자기장의 방향을 알아내려고 자석으로 만든 나침반의 바늘.

14 · 정답

① 나침반

나침반은 자석의 성질을 이용해서 방향을 알려 주는 도구예요. 사실 지구는 아주아주 큰 자석이기 때문에 나침반의 바늘은 이런 지구의 자기장*에 반응해 언제나 같은 방향, 즉 북쪽을 가리키지요. 그래서 나침반은 옛날부터 항해를 비롯한 여러 탐험에 중요한 도구 중 하나였고 오늘날에도 등산이나 캠핑 등에서 요긴하게 쓰여요.

흥미진진 정보 톡톡

자침이 가리키는 지구의 북쪽 끝에는 북극곰이 사는 곳으로 유명한 북극이 있어요. 북극은 늘 날씨가 추우며 대부분이 얼음으로 덮인 바다로 되어 있어요.

No. 0614
툰베어
동결포켓몬
타입: 얼음
키: 2.6m 몸무게: 260.0kg

북쪽 나라에서는 하얀 악마라 불리며 공포의 대상으로 여겨져요. 냉기를 두른 손톱과 이빨로 먹이를 공격해요.

*자기장: 자석의 주위, 전류의 주위, 지구의 표면 따위와 같이 자석의 힘이 미치는 공간.

Quiz 15

이것은 내부 온도를 낮춰 음식이 부패하지 않도록 도와주는 가전제품이에요. '냉매*'라는 물질을 이용해 열을 흡수하고 흡수한 열을 외부로 방출하는 원리를 사용해 온도를 낮추지요. 우리는 이것 덕분에 음식을 오래 보관할 수 있어요.

① 청소기   ② 냉장고   ③ TV

No. 0479

로토무 (프로스트로토무)
플라스마포켓몬
타입:전기, 얼음 키:0.3m 몸무게:0.3kg

냉장고에 들어간 모습이에요. 냉기로 주위를 얼려 놓고는 유쾌하다는 듯이 통통 튀어요.

*냉매: 온도가 낮은 물체로부터 온도가 높은 물체로 열을 끌어가는 물체.

15·정답

② 냉장고

냉장고는 프레온이라는 물질을 냉매로 사용하여 온도를 낮춰요. 프레온은 액체 상태로 냉장고에 있는 관을 따라 움직이다가 열을 흡수하는 증발기에 도달하면 기체로 변해요. 이 과정에서 냉매가 주위의 열을 흡수하게 되고, 냉장고 내부가 차가워지게 되는 거지요. 오늘날 우리가 흔히 사용하는 가정용 냉장고는 20세기 미국에서 만들어졌어요.

흥미진진 정보 톡톡

냉장실과 냉동실이 구분된 냉장고는 1930년대 미국에서 처음 등장했어요. 냉장고가 대중화되면서 사람들은 늘 신선한 식품을 먹을 수 있게 되었고 식중독 발병률도 크게 줄었어요.

No. 0875

빙큐보
(아이스페이스)

펭귄포켓몬

타입: 얼음
키: 1.4m 몸무게: 89.0kg

얼굴의 얼음을 핥아 보면 살짝 짜요. 멀리 떨어진 추운 땅에서 해류를 타고 왔어요.

Quiz 16

이것은 빨래를 해 주는 물건으로, 옷이나 이불 등의 세탁물을 깨끗하게 만들어요. 세제를 넣으면 물과 함께 비눗물을 만들어 빨랫감에 푼 뒤, 회전 운동을 통해 세탁물들을 마찰시켜 때나 오염 물질을 빼내지요. 마지막에는 더욱 빠르게 회전하면서 물기를 제거해 마무리해요.

① 기중기　② 가습기　③ 세탁기

No. 0479

로토무 (워시로토무)

플라스마포켓몬

타입: 전기, 물　키: 0.3m　몸무게: 0.3kg

세탁기에 들어간 모습이에요. 주변을 침수시키고는 만족스러운 듯이 끄덕이고 있어요.

16 · 정답

③ 세탁기

세탁기에서 돌아가는 빨랫감들은 통과 함께 빙글빙글 돌아가요. 그때 옷끼리 부딪히고 문질러지는 힘(마찰력), 빠르게 돌아가는 힘(회전력), 낙차로 인해 위에서 아래로 떨어지는 힘(중력) 등을 받으면서 깨끗하게 씻기는 거예요. 이런 것들을 자동으로 해주는 최초의 전기 세탁기는 1908년 미국의 헐리 사에서 만들었다고 해요.

흥미진진 정보 톡톡

차가 도로를 달릴 수 있는 것은 타이어와 도로 사이의 마찰력 덕분이에요. 얼음 위처럼 미끄러운 곳에서는 마찰력이 잘 생기지 않아 차가 앞으로 나가지 않거나 미끄러질 수 있어요.

No. 0990
무쇠바퀴
패러독스포켓몬
타입:땅, 강철
키:0.9m 몸무게:240.0kg

근년에 목격된 사례가 있어요. 오래된 탐험기에 기록된 정체불명의 물체를 닮은 포켓몬이에요.

Quiz 17

이것은 얇은 고무 주머니 속에 공기나 수소 가스 등을 넣어 크게 부풀린 물건이에요. 색깔과 모양이 매우 다양하고 파티나 생일에 장식용으로도 많이 사용하죠. 뾰족한 물건으로 찌르거나 너무 세게 누르면 펑 하고 터질 수 있으니 조심해야 하는 **이것**은 무엇일까요?

① 카드　　② 풍선　　③ 선물

No. 0039

푸린
풍선포켓몬

타입: 노말, 페어리
키: 0.5m 몸무게: 5.5kg

초롱초롱한 눈동자가 흔들릴 때 졸음이 쏟아지게 하는 이상하고 기분 좋은 노래를 불러요.

17·정답

② 풍선

풍선에 공기를 불어 넣으면 공기 분자*들이 풍선 안에서 사방으로 움직이며 풍선의 벽을 밀어내요. 그래서 풍선이 점점 부풀어 오르게 되는 거죠. 공기를 넣은 풍선의 입구를 손으로 잡고 있다가 놓으면 반대로 풍선의 탄성으로 인해 안에 있던 공기가 바깥으로 밀려 나오며 풍선이 한동안 날아다니는 것을 볼 수 있어요.

흥미진진 정보 톡톡

정전기를 보고 싶다면 풍선에 머리카락을 문지르면 돼요. 그럼 풍선과 머리카락의 마찰로 인해 정전기가 생기게 되고, 그로 인해 머리카락이 풍선에 달라붙는 모습을 볼 수 있어요.

No. 0172
피츄
아기쥐포켓몬
타입: 전기
키: 0.3m   몸무게: 2.0kg

귀엽지만 같이 산다면 전기쇼크로 찌릿찌릿해질 각오를 해야 해요.

*분자: 물질에서 화학적 형태와 성질을 잃지 않고 분리될 수 있는 최소의 입자.

Quiz 18

둥근 모양의 이것은 탄성하면 떠오르는 대표적인 물건 중 하나예요. 크기와 재질이 매우 다양하고, 주변에서 흔히 볼 수 있지요. 농구, 축구, 야구, 탁구 등 여러 가지 스포츠에 사용되며, 내부에 공기가 들어 있는 것들이 많아 통통 튀기기도 좋아요.

① 못　　② 공　　③ 자

No. 0100
찌리리공
볼포켓몬
타입: 전기
키: 0.5m 몸무게: 10.4kg

굴러서 이동하기 때문에 땅이 울퉁불퉁하면 충격으로 폭발해 버려요.

18 · 정답

② 공

야구 선수가 던지는 변화구는 왜 휘어질까요? 그건 바로 공기 속에서 공의 표면이 받는 힘, 압력 덕분이에요. 투수가 공을 던질 때 회전을 주면, 공 주변의 공기의 흐름이 달라져요. 공의 한쪽은 공기가 빠르게 지나가고, 다른 쪽은 느리게 지나가요. 그러면 빠른 쪽은 압력이 작아지고, 느린 쪽은 무거워지지요. 이때 공은 항상 압력이 무거운 쪽에서 가벼운 쪽으로 이동하면서 한쪽으로 휘게 돼요. 이를 '마그누스 효과'라고 해요.

흥미진진 정보 톡톡

사막이나 미국 서부 마을 등에서는 회전초라는 독특한 식물을 볼 수 있어요. 마른 뿌리에서 떨어져 나와 바람을 타고 이리저리 공처럼 굴러다니며 씨를 퍼트리지요.

No. 0946
그푸리
회전초포켓몬
타입: 풀, 고스트
키: 0.6m 몸무게: 0.6kg

바람에 날려 황야를 구르며 어디로 가는지는 자신도 몰라요. 몸이 젖는 것을 매우 싫어해요.

Quiz 19

영국의 수학자이자 물리학자인 뉴턴(1642~1727)은 **이것**이 땅으로 떨어지는 것을 보고, 우주의 모든 물체 사이에는 서로 잡아 당기는 힘이 있다는 '만유인력의 법칙'을 발견했다고 해요. 만유인력 덕분에 우리는 우주로 날아가지 않고 지구 위에 서 있을 수 있어요.

① 포도　　② 바나나　　③ 사과

No. 0840
과사삭벌레
사과살이포켓몬
타입: 풀, 드래곤
키: 0.2m　몸무게: 0.5kg

사과의 과육을 먹으며 성장해요. 체액으로 껍질의 강도를 보강하면서 썩지 않게 해요.

19 · 정답

③ 사과

1665년, 뉴턴은 나무에서 사과가 떨어지는 것을 보고 사과를 아래로 떨어지게 하는 어떤 힘이 있을 것이라고 생각했어요. 뉴턴은 이 생각을 바탕으로 연구를 거듭하여 만유인력의 법칙을 발견했지요. 오늘날에는 이 이야기가 지어냈거나 과장된 것이라 전해지지만, 아직도 많은 사람들은 뉴턴 하면 사과를 떠올려요.

흥미진진 정보 톡톡

사과는 가을에 나는 대표적인 열매예요. 또 가을에 나는 열매로는 배, 대추, 밤, 도토리, 호두 등이 있어요.

No. 0650
도치마론
밤송이포켓몬
타입:풀
키:0.4m 몸무게:9.0kg

먹이인 나무열매를 실컷 먹으면 머리와 몸을 감싸는 나무껍질이 더욱 튼튼하게 자라요.

알쏭달쏭 OX퀴즈

포켓몬에 대한 설명을 꼼꼼히 읽고 맞으면 ○, 틀리면 X에 표시하세요.

과사삭벌레

엉덩이의 빛을 반짝거려 동료와 대화해요.

피그점프

머리에 이고 있는 진주가 사이코 파워를 증폭시켜 줘요.

찌리리공

사과의 과육을 먹으며 성장해요.

부우부

규칙적인 리듬으로 목을 기울여요.

지금 보이는 포켓몬은 누구일까요?

〈보기〉를 보고 각각 어떤 포켓몬의 일부분인지 맞춰 보세요.

벼리짱

쥬피썬더

크레세리아

램프라

슈바르고

팬텀

2장
움직이는 힘과 에너지

움직이는 힘과 에너지

#힘 #전기 #움직임

#에너지 #소리 #원리

다양한 힘과 에너지를 살펴보고
그 원리를 파악해 보세요!

Quiz 20

우리가 매일 하늘에서 보는 거예요. 아침에 동쪽에서 떠서 저녁에 서쪽으로 지고, 지구의 기후와 날씨를 조절하는 데 중요한 역할을 하지요. 이것이 없어지면 지구의 빛과 열이 사라져서 생명체들이 살아갈 수가 없어요.

① 태양　② 행성　③ 달

No. 0192

해루미
태양포켓몬
타입: 풀
키: 0.8m　몸무게: 8.5kg

낮에는 지나칠 정도로 활발히 돌아다니지만 해가 저물면 돌연 움직이지 않게 돼요.

20 · 정답

① 태양

태양이 보내 주는 열과 빛이 없다면, 지구에서는 생명체가 살아갈 수 없어요. 태양과 지구의 거리는 약 1억 4960만 km(킬로미터)로, 태양에서 발생한 전체 에너지의 5억 분의 1 정도만 지구에 도달해요. 그럼에도 지구의 기후를 조정하고 동물과 식물이 살아가는 데 큰 역할을 하고 있지요. 태양 표면의 온도는 약 5500°C(도), 그리고 대기의 온도는 100만 °C가 넘어요.

흥미진진 정보 톡톡

수심이 200m(미터)가 넘는 깊은 바다를 심해라고 해요. 태양빛이 거의 닿지 않아 아주 어둡고 스스로 빛을 내는 동물들도 살아요. 대표적으로 초롱아귀는 머리의 촉수에서 빛을 내요.

No. 0170
초라기
아귀포켓몬
타입: 물, 전기
키: 0.5m 몸무게: 12.0kg

빛이 닿지 않는 해저에 살아요. 촉수를 빛내 동료들과 커뮤니케이션을 해요.

Quiz 21

어두운 밤, 캠핑장에서 나무를 모아 장작을 태우면 따뜻한 열이 느껴지고 주위가 밝아져요. 나무가 타면서 빛과 열이라는 에너지가 나오는 거예요. 이처럼 물질이 탈 때 발생하는 빛과 열을 우리는 이것이라고 불러요. 이것이 지속되려면 타는 물질, 산소, 발화점 이상의 온도가 필요해요.

① 물   ② 불   ③ 금

No. 0004
파이리
도롱뇽포켓몬
타입 : 불꽃
키 : 0.6m 몸무게 : 8.5kg

꼬리에서 타오르는 불꽃은 생명력의 상징이에요. 기운이 없으면 불꽃이 약해져요.

21 · 정답

② 불

불은 '연소' 반응으로 나타나요. 연소란 물질이 산소와 결합해서 에너지를 만들어 내는 것을 말해요. 물질이 타면서 빛과 열, 즉 불을 내뿜게 되는 거예요. 인류 역사에서 불의 발견은 인류가 생존하고 문명을 발전시키는 데 어마어마한 영향을 주었어요. 불 덕분에 인류는 추위와 어둠을 이겨 내고, 맹수로부터 스스로를 보호할 수 있었지요.

흥미진진 정보 톡톡

불꽃은 파란색, 흰색, 노란색, 빨간색 순으로 온도가 높아요. 빛의 파장에 따라 불꽃의 색이 달라지는데 온도가 높을수록 짧은 파장의 푸른색 계열 빛이 많이 나오기 때문이에요.

No. 0105
텅구리(알로라의 모습)
뼈다귀포켓몬
타입: 불꽃, 고스트
키: 1.0m 몸무게: 34.0kg

뼈에서 불타고 있는 저주의 불꽃은 영원히 치유되지 않는 아픔을 몸과 마음에 남긴다고 해요.

Quiz 22

다이너마이트 같은 물질이 매우 강하고 빠르게 터지면서 큰 소리와 빛을 내는 것을 <u>이것</u>이라고 해요. 공사 현장이나 채굴 현장에서 볼 수 있지요. 짧은 시간 안에 많은 에너지가 방출되며 급격한 압력 변화와 충격이 발생하는 거예요.

① 출발　　② 폭발　　③ 펑크

No. 0006

리자몽
(거다이맥스의 모습)

화염포켓몬

타입: 불꽃, 비행
키: 28.0m~　몸무게: ????kg

거다이맥스의 파워에 의해 불꽃의 날개를 가진 거대한 리자몽의 모습이 만들어졌어요.

22 · 정답

② 폭발

폭발은 큰 에너지가 갑자기 터져 나오는 현상이에요. 폭죽을 터트릴 때를 생각해 볼까요? 폭죽 안의 화학 물질들이 반응하면서 열과 빛, 큰 소리를 만들어 내요. 폭발이 일어나면 주변 공기의 압력이 순간적으로 세게 변하기 때문에 가까이 있는 물건이나 구조물 등이 파괴될 수 있어요.

흥미진진 정보 톡톡

불꽃놀이는 화약에 다양한 금속과 물질들을 섞어 공중에서 폭발할 때 생기는 반응을 조절해요. 그래서 여러 가지 색깔의 불꽃과 소리를 만들어 내지요.

No. 0806
두파팡
불꽃놀이포켓몬
타입: 불꽃, 고스트
키: 1.8m 몸무게: 13.0kg

꿈틀거리며 사람에게 다가오다 느닷없이 머리를 폭발시켜요. 울트라비스트의 일종인 듯해요.

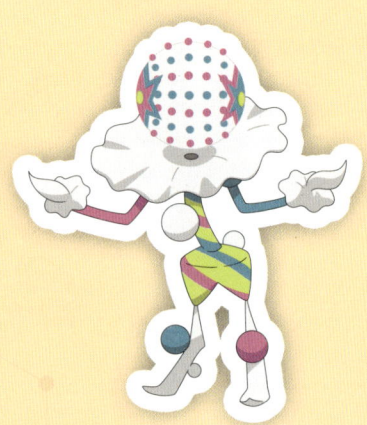

Quiz 23

우리가 전구를 켜거나 스마트폰 같은 전자 기기를 사용하려면 반드시 이것이 필요해요. 요즘은 이것으로 움직이는 자동차도 흔히 볼 수 있지요. 발전소에서 만들어져 전선을 타고 집이나 건물 곳곳으로 보내져요.

① 전기　② 열기　③ 증기

No. 0025

피카츄
쥐포켓몬

타입: 전기
키: 0.4m　몸무게: 6.0kg

양 볼에는 전기를 저장하는 주머니가 있어요. 화가 나면 저장한 전기를 단숨에 방출해요.

23 · 정답

① 전기

전기는 우리 일상생활에 아주 중요한 에너지예요. 전기는 전자라는 아주 작은 입자들이 움직이는 현상이에요. 전기가 흐른다는 것은 전자들이 한 곳에서 다른 곳으로 이동한다는 뜻이지요. 전기는 편리한 에너지지만, 위험하기 때문에 매우 주의해서 사용해야 해요. 특히 물속에서 잘 통하는 성질이 있어 욕실이나 주방처럼 물이 있는 곳에서는 더욱 조심해야 해요.

흥미진진 정보 톡톡

나이지리아와 카메룬 등에 사는 전기 개구리는 300V(볼트) 정도의 전기를 만들어 낼 수 있어요. 이 전기는 상대를 마비시키거나 물리칠 때 또는 사냥을 할 때 주로 쓰여요.

No. 0939
찌리배리
전기개구리포켓몬
타입: 전기
키: 1.2m 몸무게: 113.0kg

말랑말랑한 몸을 늘였다 줄였다 하면 배에 달린 배꼽 발전기가 큰 전력을 발생시켜요.

Quiz 24

주로 건조한 가을이나 겨울에 옷을 벗다가 '타닥' 소리와 함께 무언가 찌릿하는 느낌이 드는 것은 **이것**이 발생한 거예요. 풍선을 머리카락에 문지르면 머리카락이 풍선에 달라붙는 것도 **이것** 때문이지요. 물체가 전자를 잃거나 얻으면서 생기는 전기 현상인 **이것**은 무엇일까요?

① 화재   ② 정전   ③ 정전기

No. 0026
라이츄
쥐포켓몬

타입: 전기
키: 0.8m 몸무게: 30.0kg

꼬리가 어스 역할을 하여 전기를 지면으로 흘려보내므로 자신은 감전되거나 하지 않아요.

24 · 정답

③ 정전기

기원전 600년경 그리스의 탈레스(기원전 625~546년경)는 호박*을 헝겊으로 닦을수록 주변의 먼지나 머리카락이 달라붙는다는 것을 발견했어요. 이것이 인류가 최초로 전기를 발견한 사건이라고 해요. 오늘날은 이것을 '정전기'라고 해요. 물체에 어떤 마찰이 생겼을 때 그 물체에 있는 전자들이 이동하면서 생기는 현상이에요.

흥미진진 정보 톡톡

정전기 청소포는 바닥에 문지르는 순간, 정전기가 발생해 주위에 솜털같이 가볍게 날아다니는 먼지나 털, 머리카락 등을 효과적으로 잡아 주어요.

No. 0179
메리프
솜털포켓몬
타입: 전기
키: 0.6m 몸무게: 7.8kg

몸에 정전기가 모이면 털이 평소의 2배 정도로 부풀어 올라요. 만지면 마비돼요.

*호박: 나무의 액이 돌처럼 딱딱하게 굳어진 것.

Quiz 25

우리가 흔히 사용하는 컴퓨터나 전자레인지, 냉장고 등은 대부분 전선이 연결되어 있어요. 이 전선은 전기가 흐르는 통로라고 할 수 있지요. 이때 전선 속을 흐르는 전자의 흐름을 이것이라고 해요. 우리가 전자 제품의 스위치를 켜고 끄는 것은 이것을 조정하는 것이라고 할 수 있어요.

① 급류 ② 진동 ③ 전류

No. 0239

에레키드

전류포켓몬

타입: 전기
키: 0.6m 몸무게: 23.5kg

격렬한 벼락을 매우 좋아해요. 몸에 전기를 비축할 때 뿔 사이가 푸르스름하게 빛나요.

25 · 정답

③ 전류

전류는 흐르는 방법에 따라 직류(DC)와 교류(AC)로 나뉘어요. 직류는 전류가 한 방향으로 계속 흐르는 거예요. 안정적이지만 전기를 멀리 보내기는 어려워요. 건전지가 만들어 내는 전류가 바로 직류지요. 반면 교류는 시간에 따라 전류의 세기와 방향이 주기적으로 바뀌어요. 전기를 손실 없이 멀리 보내는 데 유리하지요. 우리가 집에서 사용하는 콘센트 전기가 모두 교류예요.

흥미진진 정보 톡톡

전기뱀장어는 양 옆구리에 있는 발전판이라는 기관에서 최대 650~850V의 강한 전기를 만들어 내요. 이를 통해 적으로부터 자신을 보호하거나 사냥을 하지요.

No. 0603
저리릴
전기물고기포켓몬
타입: 전기
키: 1.2m 몸무게: 22.0kg

둥근 무늬가 발전 기관이에요. 상대를 휘감은 후 무늬를 딱 붙여서 전기를 흘려보내요.

Quiz 26

건전지나 발전기 등에서 전기가 드나드는 곳을 전극이라고 해요. 이때 전류가 나오는 곳을 양극, 전류가 들어가는 곳을 음극이라고 하지요. 건전지는 전극의 위치를 정확히 맞춰 끼워야 해서 양 끝에 표시가 되어 있어요. 평평한 쪽이 음극이고, 마이너스(-) 표시가 있어요. 그렇다면 볼록하게 튀어나온 양극에는 어떤 표시가 있을까요?

① 플러스(+)   ② 알파(a)   ③ 표시 없음

No. 0311
플러시
응원포켓몬
타입: 전기
키: 0.4m 몸무게: 4.2kg

몸에서 스파크를 일으켜서 동료를 응원해요. 전신주에 올라가서 전기를 흡수해요.

26 · 정답

① 플러스(+)

건전지는 전자를 한 방향으로 흐르게 하는 역할을 해요. 이때 전자가 흐르면서 전기 에너지를 발생시켜 전자 제품이 움직이는 거예요. 한 번 사용하면 재사용은 불가능하며 탄소, 아연, 수산화칼륨 등 다양한 물질들로 만들어져요. 오늘날 우리가 쓰는 건전지는 19세기 프랑스의 화학자 르클랑셰(1839~1882)가 만든 '르클랑셰 전지'가 그 시초라고 해요.

흥미진진 정보 톡톡

건전지가 다 됐는지 금방 알아보는 방법이 있어요. 책상 위에서 건전지를 5cm(센티미터) 정도 들었다가 수직으로 떨어뜨려 보세요. 다 쓴 건전지는 통통 튀고, 그렇지 않은 건전지는 그대로 툭 떨어져요.

No. 0312
마이농
응원포켓몬
타입: 전기
키: 0.4m 몸무게: 4.2kg

마이농과 플러시의 전기는 혈액의 흐름을 좋게 하여 근육 결림을 푸는 효과가 있어요.

Quiz 27

이것은 자석 주변이나 전류가 흐르는 주변, 또는 지구 표면처럼 자기의 힘이 미치는 공간을 뜻해요. 자석은 물체에 직접 닿지 않아도 물체를 끌어당기거나 밀어낼 수 있는데, 바로 자석 주위를 이것이 감싸고 있기 때문이에요.

① 모기장　　② 자기장　　③ 중력장

No. 0462

자포코일
자기장포켓몬

타입:전기, 강철　키:1.2m　몸무게:180.0kg

괴전파를 발신하며 하늘을 날면서 미지의 전파를 수신한다고 해요.

27 · 정답

② 자기장

자기장은 자석뿐만 아니라 전류가 흐르는 전선 주위에서도 만들어져요. 그래서 커다란 송전탑이나 전자 기기 주변에도 약한 자기장이 존재하지요. 이런 자기장은 눈에 직접 보이지는 않아요. 하지만 막대 자석 주위에 쇳가루를 뿌리면 그 모습을 간접적으로 볼 수 있어요. 쇳가루가 자기장의 자기력선*을 따라 줄지어 늘어서거든요.

흥미진진 정보 톡톡

자기장은 우리 생활에서 다양하게 활용돼요. 컴퓨터의 하드 디스크 같은 자기 기억 장치가 대표적이지요. 자기 기억 장치는 자석의 성질을 이용해 데이터를 저장해요.

No. 0480

유크시

지식포켓몬

타입:에스퍼
키:0.3m 몸무게:0.3kg

악한 자의 기억을 빼앗는다 하여 경외시되는 포켓몬이에요. 지식을 관장한다는 기록이 발견되었어요.

*자기력선: 자기장의 크기와 방향을 나타내는 선.

Quiz 28

자석이나 전류끼리, 또는 자석과 전류가 서로 끌어당기거나 밀어냄으로써 서로에게 미치는 힘을 이것이라고 해요. 자기력과 같은 말이지요. 냉장고 문을 단단히 닫히게 하는 자석부터 공사 현장이나 공장에서 무거운 물건을 번쩍 들어올리도록 하는 전자석에 이르기까지 우리 생활 곳곳에서 많이 쓰이는 힘이에요.

① 자력   ② 차력   ③ 조력

No. 0374

메탕

철공포켓몬

타입: 강철, 에스퍼
키: 0.6m 몸무게: 95.2kg

몸에서 나오는 자력과 지상의 자력을 충돌시켜 공중에 떠올라요.

28 · 정답

① 자력

자기 부상 열차는 자력을 이용해 달리는 열차예요. 열차 바닥에 있는 자석이 레일 아래쪽으로부터 위를 향해 끌어올려지게 하거나, 열차 바닥과 선로에 각각 붙어 있는 자석이 서로를 밀어 내게 하여 열차를 공중에 떠오르게 만들어요. 그 뒤 열차가 앞으로 전진할 수 있도록 추진력을 주면 아주 매끄럽고 빠른 속도로 달려 나가지요.

흥이진진 정보 톡톡

자기 부상 열차는 소음과 흔들림이 적고, 최고 속도가 시속 600km(KTX의 약 2배)에 육박할 만큼 매우 빨라서 미래의 교통 수단으로 주목받고 있어요.

No. 0445
한카리아스
마하포켓몬
타입:드래곤, 땅
키:1.9m 몸무게:95.0kg

고속으로 달려나가면 날개가 공기의 칼날을 만들어 내고 이로 인해 주변의 나무는 절단돼요.

Quiz 29

이것은 지구 위의 물체가 지구로부터 받는 힘을 말해요. 지구와 물체 사이의 만유인력과 지구의 자전에 따른 물체의 구심력*을 합한 힘이지요. 평소에 잘 느끼지 못하지만 우리가 땅 위에 두 발을 딛고 서 있을 수 있는 것은 이 힘이 있기 때문이에요. 질량**을 가진 물체들이 서로 끌어당기는 힘이기도 한 이것은 무엇일까요?

① 폭발력　② 파괴력　③ 중력

No. 0237
카포에라
물구나무포켓몬
타입: 격투
키: 1.4m　몸무게: 48.0kg

춤추는 듯한 발차기 기술이 특기예요. 머리의 뿔은 털이나 발톱과 같은 성분으로 되어 있어요.

*구심력: 원운동을 하는 물체나 입자에 작용하는, 원의 중심으로 나아가려는 힘.
**질량: 물체가 가지고 있는 고유의 양.

29 · 정답

③ 중력

중력은 지구뿐만 아니라 달, 태양, 화성 등 다른 천체는 물론, 질량을 가진 모든 물체에 있어요. 우리 눈앞에 있는 책이나 지우개 등에도 저마다 모두 중력이 있어요. 하지만 그 힘이 너무 작아서 서로에게 큰 영향을 주지 못할 뿐이에요. 중력은 물체의 질량에 비례하거든요. 책이나 지우개는 무언가를 끌어당길 정도로 강한 힘이 생기지 않는 것뿐이지요.

흥미진진 정보 톡톡

태양은 강한 중력으로 지구를 끌어당기고 있어요. 하지만 지구는 옆으로 빠르게 움직이기 때문에 태양으로 곧장 끌려가지 않고 주변을 빙빙 돌게 돼요. 이것을 지구의 공전이라고 해요.

No. 0338
솔록
별똥별포켓몬
타입: 바위, 에스퍼
키: 1.2m 몸무게: 154.0kg

태양의 분신이라는 소문이 도는 신종 포켓몬이에요. 몸을 회전시켜 빛을 발해요.

Quiz 30

물체가 제자리에서 반복해서 흔들리는 것을 **이것**이라고 해요. 예를 들어 큰 스피커 앞에 종이를 가져다 대면 종이가 빠르게 떨리는 모습을 볼 수 있어요. 휴대 전화 벨 소리가 울릴 때 손으로 만져 보면 미세하게 흔들리는 것, 기타 줄을 튕기면 줄이 떨리면서 소리가 나는 것 등은 모두 **이것**이 일어난 거예요.

① 진자   ② 진동   ③ 파동

No. 0537

두빅굴

진동포켓몬

타입: 물, 땅
키: 1.5m 몸무게: 62.0kg

전신의 혹을 진동시켜서 지진과 같은 흔들림을 일으켜요. 삐딱구리와 가까운 종이에요.

30 · 정답

② 진동

우리가 듣는 소리는 공기 속에서 퍼져 나가는 진동을 귀가 감지하는 거예요. 그래서 소리가 크다는 것은 그만큼 진동이 크다는 뜻이기도 해요. 예를 들어 악기를 세게 치면 악기에서 진동이 크게 일어나 크고 힘찬 소리가 나는 것이지요. 지진이 일어날 때 땅이 흔들리는 것도 진동 때문이에요. 이러한 진동을 감지하는 기계를 진동계라고 하며, 지진의 크기와 방향 등을 알아내는 기계는 지진계라고 해요.

흥미진진 정보 톡톡

꿀벌이나 모기가 움직일 때 윙윙 소리가 나는 것은 날개가 빠르게 진동하기 때문이에요. 꿀벌은 1초에 약 200회, 모기는 1초에 최대 800회 정도의 날갯짓을 한다고 해요.

No. 0015
독침붕
독벌포켓몬
타입: 벌레, 독
키: 1.0m 몸무게: 29.5kg

고속으로 날아다니며 독침으로 공격한 뒤 바로 날아가 버리는 전법이 특기예요.

Quiz 31

이것은 음악에서 음의 길이와 높낮이를 나타내는 기호예요. 우리는 음악을 들을 때 음의 높낮이를 어느 정도 구별할 수 있는데, 이것은 사실 물체의 진동 속도와 관련이 있어요. 물체가 빠르게 진동하면 높은 소리가 나고, 진동이 느리면 낮은 소리가 나지요.

① 음표　② 쉼표　③ 음성

No. 0441
페라페
음표포켓몬
타입: 노말, 비행
키: 0.5m　몸무게: 1.9kg

사람의 말을 기억해서 울어요. 동료가 한 장소에 모이면 모두 똑같은 말을 기억해요.

31 · 정답

① 음표

음표는 음의 높이를 악보에서의 위치로 나타내요. 음의 길이는 음표의 종류에 따라 달라지지요. 생김새 때문에 '오선지 위의 콩나물'이라고 부르기도 해요. 13세기에는 음표가 지금과 달리 사각형 모양이었어요. 오늘날 우리가 쓰는 음표와 쉼표의 모양, 그리고 기보법*이 정해진 것은 대략 17세기 이후의 일이에요.

흥미진진 정보 톡톡

귀뚜라미는 빠른 날갯짓으로 진동을 만들어 소리를 내요. 이때 진동 속도가 온도에 따라 달라지지요. 그래서 날씨가 따뜻할수록 더 빠르게 울고, 추울수록 느리게 울어요.

No. 0401
귀뚤뚜기
귀뚜라미포켓몬
타입: 벌레
키: 0.3m 몸무게: 2.2kg

다리가 짧아 넘어지려고 할 때마다 단단한 더듬이가 서로 비벼져서 실로폰 같은 소리가 울려요.

*기보법: 음악의 연주나 발표, 보존, 학습 따위를 목적으로 일정한 약속이나 규칙에 따라 기호를 써서 악곡을 기록하는 방법.

Quiz 32

이것은 우리가 듣기에 불쾌하거나 귀에 불편한 자극을 주는 소리를 가리키는 말이에요. 동물들에게도 큰 스트레스를 주지요. 대표적으로 자동차나 기차가 지나가는 소리, 기계가 돌아가는 소리 등이 있어요. 요즘에는 아파트 층간에서 발생하는 이것 때문에 사회적으로 큰 문제가 되기도 해요.

① 방음   ② 소식   ③ 소음

No. 0295

폭음룡
소음포켓몬
타입: 노말
키: 1.5m 몸무게: 84.0kg

폭음룡이 울부짖는 소리는 10km 전방까지 닿아요. 몸 곳곳의 구멍에서 갖가지 소리를 내요.

32 · 정답

③ 소음

소음을 오랫동안 듣게 되면 스트레스로 인해 집중력이 떨어지거나 밤에 잠에 들지 못하는 불면증이 생기는 등 문제가 발생할 수 있어요. 소리의 크기는 dB(데시벨)로 나타내는데, 우리가 대화를 나누는 소리가 약 60dB, 지나가는 제트기 소리가 150dB 정도 되어요. 80dB 이상의 큰 소리를 오랫동안 계속 들으면 청각에 문제가 생길 수 있다고 해요.

흥미진진 정보 톡톡

소음이 시끄럽고 불쾌한 소리라면, 정적은 아무 소리도 나지 않는 조용한 상태를 말해요. 정적과 뜻이 비슷한 표현으로 고요, 적막, 침묵 등이 있어요.

No. 0858
브리무음
정적포켓몬
타입: 에스퍼, 페어리
키: 2.1m 몸무게: 5.1kg

생명체의 기척이 느껴지지 않는 숲은 주의해야 해요. 브리무음의 영역을 침범한 것일 수도 있어요.

Quiz 33

이것은 18세기에 산업 혁명이 일어나는 데 큰 영향을 미친 에너지원 중 하나예요. 땅속에서 오랜 시간 동안 식물이나 동물의 유해가 변해서 만들어진 퇴적암이지요. 불을 피울 때 쓰이는 연료로, 열과 에너지를 발생시켜 전기를 만들거나 기계를 움직이는 데 쓰여요.

① 방탄 ② 석탄 ③ 석유

No. 0837

탄동
석탄포켓몬

타입: 바위
키: 0.3m 몸무게: 12.0kg

맑은 날에는 초원으로 나와 달리면서 수레바퀴 같은 다리에 휘감긴 풀을 먹어요.

33 · 정답

② 석탄

석탄은 동식물이 땅속에 묻혀 아주 오랜 시간 동안 높은 압력과 열을 받아 만들어진 물질이에요. 주로 검은 색을 띠고 단단하며 종류에 따라 무연탄, 역청탄, 갈탄 등이 있어요. 석탄은 18세기 산업 혁명 때 증기 기관을 돌리는 데 쓰이며 인류 문명 발전에 큰 역할을 했지요. 오늘날에는 석탄을 태울 때 나오는 이산화탄소가 지구 온난화를 일으킨다는 사실이 밝혀져 점차 다른 에너지원으로 바꾸고자 노력하고 있어요.

흥미진진 정보 톡톡

이산화탄소 같은 온실가스는 대기 중에 머물며 지구의 열이 우주로 빠져나가지 못하게 막아요. 그래서 북극의 얼음을 녹이거나 이상 기후를 일으키는 등 다양한 환경 문제를 일으켜요.

No. 0110
또도가스
(가라르의 모습)
독가스포켓몬
타입: 독, 페어리
키: 3.0m 몸무게: 16.0kg

대기 중의 오염된 성분을 흡수하고 배설물 대신 깨끗한 공기를 내보내요.

숨겨진 이름을 찾아라!

<보기>에 있는 포켓몬의 이름을 찾아 ○ 해 보세요.

폭	파	이	루	마	대
죽	몬	르	페	울	루
탄	동	피	라	면	국
후	지	카	페	진	라
라	이	츄	북	사	솔
방	사	잉	철	요	록

재미 팡팡! 낱말 퍼즐

빈칸에 정답을 넣어 낱말 퍼즐을 완성해 보세요.

가로 열쇠

② 영어 알파벳의 스물 두번째 글자.

세로 열쇠

③ 뚝배기나 작은 냄비에 끓인 국물 요리.

3장
신비한 지구와 우주

신비한 지구와 우주

#지구 #별 #블랙홀

#광물 #우주 #신비

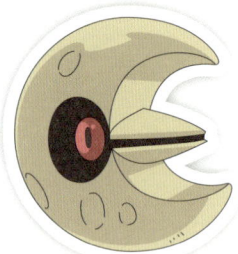

**우리가 사는 지구와
신비로운 우주에 대해 알아봐요!**

Quiz 34

돌 중에서 사람들이 필요로 할 만한 물질을 포함하고 있는 것을 이것이라고 해요. 철, 구리, 알루미늄 같은 금속을 얻는 데 사용되고, 산업에서 무척 중요한 자원이 되기도 하지요. 경제적으로 가치가 있고, 땅속에서 캐내어 가공하면 우리 생활에 필요한 다양한 물건들을 만들 수 있는 이것은 무엇일까요?

① 광석　　② 이석　　③ 광입자

No. 0970
킬라플로르
광석포켓몬
타입: 바위, 독
키: 1.5m 몸무게: 45.0kg

위험을 감지하면 결정으로 된 꽃잎을 펼친 뒤 원뿔 모양의 몸에서 빔을 발사해요.

34 · 정답

① 광석

광석은 땅속에서 캐낼 수 있는 돌 중 특별한 성분이 많이 들어 있어 경제적으로 가치가 있는 것을 말해요. 화산 활동, 지각 변동, 퇴적 작용 등 오랜 자연 활동을 통해 만들어지지요. 철이 많이 들어 있는 철광석, 구리가 많이 들어 있는 구리광석 등 여러 종류가 있어요. 이렇게 얻은 광석은 공장에서 녹이거나 가공해서 우리 주변의 다양한 물건에 쓰여요.

흥미진진 정보 톡톡

철로 만든 무기와 농기구를 사용하던 시대를 철기 시대라고 해요. 한반도는 기원전 4세기경에 철기가 전해졌고, 이후 농업이 발달하고 여러 나라들이 생기는 등 많은 변화가 일어났어요.

No. 0305
갱도라
철갑옷포켓몬
타입: 강철, 바위
키: 0.9m 몸무게: 120.0kg

철광석을 파내어 먹어요. 강철의 몸을 서로 부딪치며 영역 싸움을 하는 습성이 있어요.

Quiz 35

이것은 아주 오랜 옛날, 지구에 살았던 동식물의 흔적이 땅속에 오랫동안 묻혀서 압력과 열을 받아 단단한 돌처럼 변한 것이에요. 과거 생물의 흔적이 남아 있어서 공룡이나 고대 생물들이 어떻게 생겼고 어떤 환경에서 살았는지 등을 연구할 수 있어요. 뼈, 이빨, 나뭇잎 자국 등 다양한 형태로 발견돼요.

① 운석　　② 화석　　③ 화분

No. 0883

어치르돈

화석포켓몬

타입: 물, 얼음
키: 2.0m　몸무게: 175.0kg

주변을 꽁꽁 얼려서 먹이를 잡지만 입이 머리 윗부분에 있어서 먹기 힘들어요.

35 · 정답

② 화석

하나의 화석이 만들어지기까지 최소 만 년 정도의 시간이 걸린다고 해요. 길게는 몇 억 년이 걸리기도 하지요. 긴 시간을 거쳐 만들어진 만큼 화석은 지구의 역사와 생명의 변화를 알려 주는 소중한 단서가 돼요. 생물의 변화 뿐만 아니라 그 시대의 기후나 자연환경도 짐작할 수 있지요. 예를 들어 바다 동물의 화석이 산꼭대기에서 발견되기도 하는데 이는 그곳이 예전에는 바다였다는 사실을 알려 줘요.

흥미진진 정보 톡톡

암모나이트는 고대 바다에 살던 연체동물로, 나선형의 껍데기를 가진 것이 특징이에요. 작은 물고기나 플랑크톤을 먹으며 살았지요. 지금은 화석으로만 남아 있어요.

No. 0138
암나이트
소용돌이포켓몬
타입: 바위, 물
키: 0.4m 몸무게: 7.5kg

현대의 우수한 과학 기술로 화석에서 부활한 포켓몬이에요. 고대의 바다를 헤엄치고 있었어요.

Quiz 36

이것은 자연에서 형성되는 아름다운 물질로, 아주 단단하고 빛을 잘 반사하는 광물이에요. 지구 깊은 곳에서 수백만 년 동안 압력과 열을 받아 만들어지지만 오늘날에는 인공적으로 만들기도 해요. 다양한 색깔과 결정 구조를 가지고, 색이 아름답고 투명하며 반짝이는 경우가 많아요.

① 수석　　② 유리　　③ 보석

No. 0703
멜리시
보석포켓몬
타입: 바위, 페어리
키: 0.3m　몸무게: 5.7kg

태어나서 수억 년 동안 땅속에 잠들어 있었어요. 동굴을 파면 가끔 나오곤 해요.

36 · 정답

③ 보석

광석이 금속을 얻기 위한 돌이라면, 보석은 아름다움과 희귀성 때문에 특별히 귀중하게 여겨지는 돌이에요. 다이아몬드, 에메랄드, 루비, 사파이어 등 그 종류가 매우 다양하지요. 가장 인기 있는 보석으로 손꼽히는 다이아몬드는 탄소로만 구성된 보석으로, 탄소 원자들이 매우 강하게 연결되어 있어서 지구에서 가장 단단한 광물로도 유명해요.

흥미진진 정보 톡톡

보석은 아름다운 모양과 빛깔 때문에 반지, 목걸이, 팔찌 등 장신구에 오랫동안 쓰여 왔어요. 옛날에는 보석으로 만든 화려한 장신구로 자신의 부와 권력을 나타냈지요.

No. 0764
큐아링
꽃따기포켓몬
타입: 페어리
키: 0.1m 몸무게: 0.3kg

덩굴을 사용해서 꽃을 따요. 몸에 장식한 꽃에서는 치유 효과가 나타나요.

Quiz 37

이것은 음식을 더 맛있게 만들어 주는 물질로 요리를 하는 데 쓰여요. 우리 몸에 꼭 필요한 물질이라서 적당히 먹어야만 해요. 주로 바닷물을 증발시키거나 땅속에 있는 광산에서 캐내요. 흰색으로 된 작은 알갱이로, 물에 쉽게 녹고 짠맛이 나는 이것은 무엇일까요?

① 소금　② 모래　③ 자갈

No. 0934
콜로솔트
암염포켓몬
타입: 바위
키: 2.3m　몸무게: 240.0kg

손끝을 문질러서 나온 소금을 다친 포켓몬에게 뿌리면 심한 상처도 금방 나아요.

37 · 정답

① 소금

소금은 염화 나트륨(NaCl)이라는 물질이에요. 물에 잘 녹고, 음식의 맛을 내는 데 필수적인 물질이에요. 소금은 몸의 수분을 조절하고, 신경 신호 전달을 원활하게 하여 몸이 잘 움직이도록 해 주는 물질로 모든 동물들에게 반드시 필요해요. 하지만 너무 많이 먹으면 고혈압 등 질병을 일으킬 수 있어 적당량을 먹는 것이 매우 중요해요.

흥미진진 정보 톡톡

고대 로마에서는 소금으로 군인의 급여를 지급했다고 해요. 과거에는 소금이 지금보다 훨씬 귀하고 필수적인 자원이었기 때문에 화폐처럼 사용된 거예요.

No. 0999

모으령(도보폼)
보물찾기포켓몬
타입: 고스트
키: 0.1m 몸무게: 0.1kg

오래된 코인을 짊어진 채 떠돌아요. 코인을 주우려 하는 사람의 생기를 흡수하며 살아가요.

Quiz 38

이것은 자연의 강, 호수, 바다, 지하수 등에 널리 분포하는 액체를 뜻해요. 하늘에서 비로 내리기도 하지요. 우리 몸의 절반 이상을 차지하고 있어서 건강하게 유지하려면 꼭 마셔야 하고, 식물이 자라는 데에도 반드시 필요해요. 지구에서 가장 많은 자원으로, '생명의 근원'이라고도 해요.

① 불   ② 산소   ③ 물

No. 0351
캐스퐁
날씨포켓몬
타입: 노말
키: 0.3m 몸무게: 0.8kg

날씨에 따라서 모습이 바뀌어요. 최근 발견된 바에 따르면 물의 분자와 똑 닮았다고 해요.

38 · 정답

③ 물

지구 표면의 약 70%가 물로 덮여 있을 만큼, 물은 지구에서 가장 많은 자원이에요. 우리 몸의 혈액, 근육, 세포 등에도 물이 아주 많은 부분을 차지하고 있지요. 산소와 수소가 결합해서 만들어진 물은 0°C 이하에서는 얼음이 되고, 100°C 이상에서는 수증기가 돼요. 지구의 모든 생명은 물 없이 살아갈 수 없기 때문에 물은 공기와 더불어 생명을 지탱하는 가장 소중한 물질이에요.

흥미진진 정보 톡톡

인간은 여가 활동을 즐기는 데에도 물을 많이 이용해요. 바닷가나 계곡에서 수영을 하기도 하고, 워터 파크에서 물대포와 물총 등을 만들어 물놀이를 즐기지요.

No. 0692
완철포
물대포포켓몬
타입:물
키:0.5m 몸무게:8.3kg

오른쪽 집게 안에서 가스를 폭발시켜서 물을 발사해요. 날아가는 포켓몬을 노려 맞힐 수 있어요.

Quiz 39

겨울이 오면 하늘에서 이것이 내리는 날이 있어요. 공기 중의 수증기가 차가운 온도에서 얼어 작은 얼음 결정이 되고, 그것들이 땅으로 떨어지는 것으로, 기온과 습도에 따라 모양이 달라져요. 사람들은 이것이 내리면 눈싸움을 하거나 눈사람을 만들기도 해요.

① 서리 ② 눈 ③ 운

No. 0615
프리지오
결정포켓몬
타입: 얼음
키: 1.1m 몸무게: 148.0kg

추운 계절에 나타나요. 설산에서 죽은 포켓몬이나 사람이 환생한 것이라고 전해져요.

39 · 정답

② 눈

눈은 수증기가 얼어서 만들어지는 작은 얼음 결정이에요. 이 얼음 결정들이 모여 큰 덩어리를 이루고, 하늘에서 떨어지는 거지요. 눈 결정은 물 분자가 얼 때 만들어지는데, 물 분자가 기본적으로 육각형 모양이기 때문에 대부분의 눈 결정도 육각형 모양이 되어요. 온도나 습도에 따라 모양이 조금씩 달라지며, 가장 아름다운 눈 결정은 영하 10~20℃ 사이에서 만들어진다고 해요.

흥미진진 정보 톡톡

나뭇가지 따위에 쌓인 눈을, 나무에 하얀 꽃이 핀 것처럼 보인다고 하여 '눈꽃'이라고 불러요. 유리창에 서린 김이 얼어서 꽃처럼 엉긴 무늬는 '서리꽃'이라고 해요.

No. 0460
메가눈설왕
얼음나무포켓몬
타입: 풀, 얼음
키: 2.7m 몸무게: 185.0kg

블리자드를 발생시켜 주변 일대를 새하얗게 만들어요. 별명은 아이스 몬스터예요.

Quiz 40

물이 0°C 이하에 노출되면 단단한 고체 상태인 이것으로 변해요. 투명하고 차가우며 더운 여름날에 음료수에 넣어 마시기도 해요. 추운 겨울철에는 강이나 호수가 얼어붙어 이것이 된 것을 볼 수 있어요. 온도가 내려갈수록 단단해지는 성질이 있지요. 영하 30°C 정도의 이것은 강도가 치아와 비슷하다고 해요.

① 얼음　② 설탕　③ 암석

No. 0712

꽁어름

얼음덩이포켓몬

타입: 얼음
키: 1.0m 몸무게: 99.5kg

혹한의 산악 지대에 살지만 드물게 크레베이스의 등에 올라 바다를 건너 거처를 옮기기도 해요.

40 · 정답

① 얼음

보통 얼어붙으면 부피가 줄어드는 다른 물질들과는 달리 얼음은 특이하게도 물보다 부피가 커져서 물 위에 둥둥 떠요. 그래서 겨울에 강이나 호수가 얼어도 그 아래쪽에는 물이 그대로 있을 수 있어요. 또한 얼음은 열을 천천히 전달하는 특성이 있어서 얼음층이 강을 덮으면 바깥의 추운 공기가 강물 속까지 쉽게 전달되지 않아요. 그래서 물고기들이 겨울철 얼어붙은 호수 아래에서 얼지 않고 살아가기도 해요.

흥미진진 정보 톡톡

얼음과 눈을 아울러 '빙설'이라고 해요. 한겨울이 되면 빙설로 뒤덮인 길거리를 볼 수 있지요. 또한 '빙설'은 본디부터 타고난 마음씨가 결백함을 비유적으로 이르는 말이기도 해요.

No. 0583
바닐리치
빙설포켓몬
타입: 얼음
키: 1.1m 몸무게: 41.0kg

깨끗한 물을 마셔서 얼음으로 된 몸을 크게 만들어요. 날씨가 맑은 날에는 잘 발견되지 않아요.

Quiz 41

이것은 육지에 쌓인 거대한 빙하에서 부서져 나와 호수나 바다에 떠 있는 커다란 얼음덩어리를 말해요. 차가운 극지방에서 주로 만들어지고, 바다를 따라 천천히 이동해요. 대부분은 물속에 잠겨 있고 물 위로 일부분만 모습이 보여요.

① 요산　　② 등산　　③ 빙산

No. 0378

레지아이스

빙산포켓몬

타입: 얼음
키: 1.8m　몸무게: 175.0kg

빙하기에 생겨난 얼음으로 몸이 만들어져 있어요. 마이너스 200도의 냉기를 다뤄요.

41 · 정답

③ 빙산

빙산은 물보다 밀도가 낮아서 물에 떠 있지만, 실제로는 약 90% 이상이 물속에 잠겨 있어요. 눈에 보이는 것보다 크기가 훨씬 큰 거지요. 그래서 배들은 바다에서 빙산에 부딪히지 않도록 각별히 주의를 기울여요. 빙산은 뾰족한 것부터 평평한 것까지 모양이 다양하며, 남극이나 북극, 그린란드의 빙하 지역에 주로 형성돼요. 얼음산이라고 불리기도 해요.

흥미진진 정보 톡톡

'빙산의 일각'이라는 말이 있어요. 대부분이 숨겨져 있고 외부로 나타나 있는 것은 극히 일부분에 지나지 아니함을 비유적으로 이르는 말이에요.

No. 0713
크레베이스
빙산포켓몬
타입:얼음
키:2.0m 몸무게:505.0kg

얼음으로 된 거대한 몸으로 방해되는 것은 모조리 뭉개 버려요. 바다에 떠 있는 모습은 유빙과 똑 닮았어요.

Quiz 42

이것은 지구 내부에서 일어나는 큰 폭발과 관련이 있어요. 지구의 안쪽 깊은 곳에는 뜨거운 온도와 압력을 받아 녹아 있는 마그마라는 암석이 있어요. 이 마그마가 땅을 뚫고 올라오면서 **이것**이 만들어져요. 폭발하면 용암이 뿜어져 나와 주변을 덮기도 하고, 잿더미와 가스가 하늘 높이 퍼져 나가기도 해요.

① 설산　② 고산　③ 화산

No. 0244

앤테이

화산포켓몬

타입: 불꽃
키: 2.1m　몸무게: 198.0kg

앤테이가 울부짖으면 세계 어딘가의 화산이 분화한다고 전해져요.

42 · 정답

③ 화산

땅속에 있는 가스, 마그마 따위가 지각의 터진 틈을 통해 분출되어 쌓이면서 생긴 산을 화산이라고 해요. 이런 폭발과 쌓임이 반복되어 큰 화산섬이나 산맥이 만들어지기도 하지요. 화산이 폭발할 때 나오는 화산재는 대기를 오염시키는 등 피해를 주지만, 안에 있는 풍부한 영양소들이 토양을 비옥하게 만들어 농사에 도움을 주기도 해요.

흥미진진 정보 톡톡

화산이 폭발할 때 마그마와 가스가 나오는 구멍이나 깊은 분지*를 분화구라고 해요. 분화구를 통해 용암과 화산 가스가 분출돼요.

No. 0323
메가폭타
분화포켓몬
타입: 불꽃, 땅
키: 2.5m 몸무게: 320.5kg

화나면 작열하는 마그마를 등의 혹에서 분출해요. 화산의 분화구에 거처가 있어요.

*분지: 해발 고도가 더 높은 지형으로 둘러싸인 평지.

Quiz 43

지구 맨틀 층에서 매우 높은 온도와 강한 압력에 의해 암석이 녹아 형성되는 물질이에요. 분화구에서 분출된 **이것**을 용암이라고 하고, 식어서 굳어진 것을 화성암이라고 해요. 급격히 식어서 굳어진 화성암을 화산암이라고 하며 현무암, 유문암 등으로 나눌 수 있지요.

① 마그마   ② 고구마   ③ 플라즈마

No. 0218
마그마그
용암포켓몬
타입: 불꽃
키: 0.7m 몸무게: 35.0kg

용암으로 된 몸은 식어서 허물어질 때도 있지만 마그마에 들어가면 나아요.

43・정답

① 마그마

마그마는 지구 내부의 열을 표면으로 전달하는 중요한 역할을 해요. 온도는 약 700~1,300°C예요. 철의 녹는 점이 약 1,500°C니까 마그마는 거의 금속을 녹일 수 있을 만큼 뜨겁다고 할 수 있어요. 마그마는 주로 판이 충돌하거나 맨틀 기둥이 솟아오르는 지역에서 만들어져요. 안에는 이산화탄소, 수증기, 황 같은 기체가 섞여 있어 폭발할 때 강한 힘을 내요.

흥미진진 정보 톡톡

맨틀은 지구 내부의 핵과 지각* 사이에 있는 두꺼운 암석층이에요. 지구에서 가장 두꺼운 층으로 지구 전체 부피의 83%, 질량의 68%를 차지하고 있어요.

No. 0524
단굴
맨틀포켓몬
타입: 바위
키: 0.4m 몸무게: 18.0kg

소리에 반응해 움직여요. 에너지 코어의 영향으로 만지면 조금 따뜻해요.

*지각: 지구의 바깥쪽을 차지하는 부분.

Quiz 44

비가 갠 후, 하늘을 보면 아름다운 아치 모양의 이것이 나타날 때가 있어요. 위에서부터 빨강, 주황, 노랑, 초록, 파랑, 남색, 보라색 순서로 하늘에서 곡선을 이루며 색이 나란히 펼쳐지지요. 이 아름다운 색깔들은 빛의 굴절 때문에 생기는 현상이에요.

① 안개　　② 무지개　　③ 지우개

No. 0250

칠색조
무지개색포켓몬

타입: 불꽃, 비행
키: 3.8m　몸무게: 199.0kg

무지개색 날개를 가지고 있어요. 칠색조를 본 사람은 영원한 행복이 약속된다고 해요.

44 · 정답

② 무지개

태양빛은 원래 여러 가지 색깔이 섞인 하얀 빛이에요. 이 태양빛이 공기 중의 물방울을 지나갈 때 굴절되어 여러 가지 각도로 꺾이고, 색이 분리되면서 무지개가 만들어져요. 무지개는 햇빛이 비치는 쪽을 등지고, 비가 오는 방향을 바라볼 때 볼 수 있어요. 비가 오지 않아도 화창한 날, 분무기 같은 도구로 공중에 물을 뿌리면 무지개를 볼 수 있어요.

흥미진진 정보 톡톡

프리즘은 빛을 굴절시켜서 무지개처럼 스펙트럼을 만들어 내는 유리 장치예요. 햇빛을 프리즘에 통과시키면, 빛이 여러 색으로 나뉘어져 무지개처럼 색이 분리돼요.

No. 0800
네크로즈마
(울트라네크로즈마)
프리즘포켓몬
타입: 에스퍼, 드래곤
키: 7.5m **몸무게**: 230.0kg

압도적인 빛 에너지를 흡수하여 변화한 모습이에요. 전신에서 레이저를 내뿜어요.

Quiz 45

태양빛에는 '자외선'이라는 눈에 보이지 않는 빛이 포함되어 있어요. 자외선에 지나치게 노출되면 화상을 입거나 눈에 해를 끼칠 수 있지요. 다행히 지구의 대기에는 **이것**이 있어요. 이곳에 있는 오존이라는 물질이 자외선을 대부분 흡수하여 강한 자외선으로부터 지구를 보호해요.

① 지층　　② 대류권　　③ 오존층

No. O384
메가레쿠쟈
천공포켓몬
타입: 드래곤, 비행
키: 10.8m 몸무게: 392.0kg

구름보다 아득히 먼 위의 오존층에 서식하고 있기 때문에 지상에서 모습을 볼 수 없어요.

45 · 정답

③ 오존층

오존층은 지구 대기 중에서 약 20~30km 높이에 있어요. 이곳에는 오존이 많이 모여 있지요. 자외선은 파장의 길이에 따라 UVA, UVB, UVC로 나뉘는데 오존층은 이 중 생명체에게 특히 해로운 UVB와 UVC를 대부분 차단하여 지구로 전달되는 양을 줄여 줘요. 오존층이 있더라도 자외선에 오랫동안 노출될 경우 피부암, 면역력 저하 등이 일어날 수 있으니 조심해야 해요.

흥미진진 정보 톡톡

자외선은 구름을 통과할 수 있어요. 그래서 비가 오거나 흐린 날이더라도 자외선으로부터 피부를 보호하려면 선크림을 바르는 것이 좋아요.

No. 0334
파비코리
허밍포켓몬
타입: 드래곤, 비행
키: 1.1m 몸무게: 20.6kg

맑은 날 뭉게구름에 뒤섞인 채로 넓은 하늘을 자유롭게 날아다니며 아름다운 소프라노로 노래해요.

Quiz 46

이것은 암석이 아주 오랜 시간 동안 풍화*되고 침식**되면서 만들어진 거예요. 놀이터에 가면 쉽게 볼 수 있고, 사막이나 강가, 바닷가에 많이 퍼져 있어요. 물에 쉽게 젖지만, 다시 마르면 원래 모습으로 돌아오지요. 건축 재료나 유리를 만드는 데도 쓰여요.

① 지점토　② 모래　③ 서래

No. 0769

모래꿍
모래산포켓몬

타입: 고스트, 땅
키: 0.5m　몸무게: 70.0kg

삽을 잃어버리면 나뭇가지 등을 대신 꽂고 다니며 새로운 삽을 찾을 때까지 마음을 달래요.

*풍화: 암석이 햇빛, 공기, 물, 생물 등에 의해 점점 파괴되거나 분해되는 일.
**침식: 비, 하천, 빙하, 바람 등이 암석을 깎는 일.

46 · 정답

② 모래

모래는 입자의 크기가 약 0.0625mm(밀리미터)에서 2mm 사이인 작은 암석 조각이에요. 열을 잘 저장하는 성질이 있어서 낮에는 햇빛을 받아 금방 뜨거워지고, 밤에는 빠르게 식어요. 모래가 많은 사막이 낮에는 덥고, 밤에는 추운 것은 이 때문이지요. 바람에 의해 쉽게 이동하고, 오랜 세월 동안 쌓여서 사구라고 부르는 모래 언덕을 만들기도 해요.

흥미진진 정보 톡톡

'사이드와인더'는 미국 남부와 멕시코 사막 지대에 사는 뱀이에요. 갈색의 얼룩무늬가 특징이며, 모래 속에 파고들어 숨어 있다가 먹이를 덮쳐 사냥해요.

No. 0843

모래뱀
모래뱀포켓몬
타입 : 땅
키 : 2.2m　몸무게 : 7.6kg

커다란 콧구멍은 모래를 분사하는 일에 특화되어 있어 냄새를 맡고 구별하는 것은 서툴어요.

Quiz 47

이것은 부피가 배우 큰 돌이에요. 자연 속에서 크고 단단한 덩어리로 존재하며 지각 변동, 화산 활동, 침식 작용 등을 통해 만들어지지요. 오랜 시간 동안 풍화 작용을 받아 작은 조각으로 부서지기도 해요. 산이나 절벽을 이루는 중요한 요소이기도 해요.

① 바위　　② 시멘트　　③ 플라스틱

No. 0074
꼬마돌
암석포켓몬
타입: 바위, 땅　키: 0.4m　몸무게: 20.0kg

움직이지 않고 있으면 돌멩이로 착각하여 무심코 밟게 되는데 그러면 주먹을 휘두르며 화를 내요.

47 · 정답

① 바위

바위는 지구의 지각을 이루는 중요한 구성 요소로 여러 가지 광물들이 모여 만들어져요. 어떤 광물이 얼마나 섞여 있는지에 따라 바위의 색깔과 무늬, 단단함이 달라지지요. 흙, 모래, 자갈 등이 오랜 시간 쌓여 만들어지기도 하는데 이를 퇴적암이라고 해요. 퇴적암이나 화성암이 땅속에서 높은 압력과 열을 받아 성질이 변한 것은 변성암이라고 해요.

흥미진진 정보 톡톡

암반은 지하에서 형성된 큰 바위로, 다른 바위들 속에 침투하거나 엉겨 붙은 모습으로 굳어진 거예요. 그래서 모양이 불규칙하고 울퉁불퉁한 경우가 많아요.

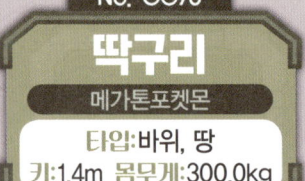

No. 0076
딱구리
메가톤포켓몬
타입:바위, 땅
키:1.4m 몸무게:300.0kg

암반처럼 단단한 껍질에 싸여 있어요. 1년에 1번 탈피하여 커져요.

Quiz 48

이것은 대기 속에 모인 전기가 방전되면서 생기는 현상으로, 주로 비가 많이 내릴 때 볼 수 있어요. 하늘을 빠르게 가로지르며 번쩍이는 밝은 빛으로 나타나지요. 번쩍인 위에 곧이어 대기가 요란하게 울리기도 해요. 보통 짙고 어두운 구름 속에서 일어나요.

① 불개　　② 번아웃　　③ 번개

No. 0310
메가썬더볼트
방전포켓몬
타입: 전기
키: 1.8m　몸무게: 44.0kg

좀처럼 사람 앞에 모습을 드러내지 않아요. 번개가 떨어진 곳에 보금자리가 있다고 해요.

48 · 정답

③ 번개

번개는 하늘에 모인 전기가 갑자기 튀어나오면서 생기는 강한 빛이에요. 비가 오거나 폭풍이 올 때, 구름 속에서는 작은 물방울과 얼음 조각들이 부딪히면서 전기가 생겨요. 전기가 너무 많이 쌓이면, 구름 속이나 땅으로 전기가 빠르게 이동하면서 번쩍이게 되는 거지요. 번개는 굉장히 뜨거워서 주변 공기를 약 3만 °C까지 데울 수 있어요.

흥미진진 정보 톡톡

구름에서 발생하는 번개와 천둥, 낙뢰 등의 현상을 가리켜 뇌전 현상이라고 해요. 뇌전 현상은 정전이나 화재를 일으키고, 비행기의 움직임을 방해하기도 해요.

No. 0523
제브라이카
뇌전포켓몬
타입:전기
키:1.6m 몸무게:79.5kg

우렛소리를 들으면 무리의 줄뮤마가 벼락을 통해 충전할 수 있게 무리 지어 뇌운을 뒤쫓아요.

Quiz 49

벼락이나 번개가 칠 때 대기가 요란하게 울리는 것을 이것이라고 해요. 번개가 칠 때 그 주변 공기가 아주 빠르게 뜨거워지면서 급하게 팽창하는데, 이 팽창한 공기가 꽝 하고 퍼져 나가면서 우리 귀에 큰 소리로 들리는 거예요. 때로는 정말 크고 시끄러워서 우리를 깜짝 놀라게 만들지요.

① 천둥　　② 천체　　③ 찌뿌둥

No. 0243
라이코
우레포켓몬
타입:전기
키:1.9m　**몸무게**:178.0kg

번개와 함께 떨어졌다고 전해져요. 등의 비구름에서 번개를 뿜어낼 수 있어요.

49 · 정답

① 천둥

우리는 보통 번개를 먼저 보고 그 후에 천둥 소리를 듣게 돼요. 빛은 아주 빠르게 움직여서 눈으로 바로 볼 수 있지만, 소리는 빛보다 훨씬 느려서 천천히 전달되기 때문이에요. 빛은 1초에 약 30만 km, 소리는 1초에 약 340m를 움직이지요. 그래서 번개가 치고 3초 뒤에 천둥 소리가 들렸다면, 번개가 약 1km 떨어진 곳에서 친 것을 짐작할 수 있어요.

흥미진진 정보 톡톡

천둥을 우레라고도 해요. '우레와 같은 박수'란 말이 있는데, 이는 많은 사람이 치는 매우 큰 소리의 박수를 비유적으로 이르는 말이에요.

No. 1021
날뛰는우레
패러독스포켓몬
타입: 전기, 드래곤
키: 5.2m 몸무게: 480.0kg

털에서 내뿜는 벼락으로 주변을 모조리 태워 버린다고 전해져요. 자세한 정보는 밝혀진 것이 없어요.

Quiz 50

이것은 기체 상태에 있는 물질을 통틀어 이르는 말이에요. 모양이 없고 정해진 부피가 없으며, 있는 공간을 모두 가득 채우려는 성질이 있어요. 압력을 가하거나 온도를 바꾸면 모양과 부피가 쉽게 변해요. 그래서 통에 넣고 압축하여 사용하기도 하지요.

① 바이러스　　② 가스　　③ 주스

No. 0092

고오스
가스포켓몬

타입:고스트, 독
키:1.3m 몸무게:0.1kg

가스로 된 몸으로 휘감은 다음 먹이의 피부를 통해 조금씩 독을 흘려보내어 약하게 만들어요.

50 · 정답

② 가스

가스는 기체 상태에 있는 물질을 통틀어 이르는 말이에요. 하지만 일상적으로는 연료로 사용되는 기체를 가스라고 부르기도 하지요. 우리가 요리할 때 쓰는 도시 가스나 자동차에 넣는 LPG(액화 석유 가스) 등이 대표적이에요. 온도나 압력에 의해 모양과 부피가 쉽게 변하는 만큼 가스를 안전하게 사용하기 위해서는 튼튼한 용기에 넣어 보관하고, 조심해서 사용해야 해요.

흥미진진 정보 톡톡

향수는 액체예요. 하지만 공중에 뿌리면 액체였던 향수가 빠르게 증발하면서 가스가 되어 공기 중에 퍼져요. 그래서 금방 주변을 향기롭게 만들지요.

No. 0682
슈쁘
향수포켓몬
타입: 페어리
키: 0.2m 몸무게: 0.5kg

체내에 있는 향기주머니로 향기를 만들어 내는 포켓몬이에요. 먹이가 바뀌면 만들어 내는 향기도 바뀌어요.

Quiz 51

규칙적으로 되풀이되는 자연 현상에 따라서 일 년을 구분한 것을 이것이라고 해요. 우리나라 같은 온대 지방은 봄, 여름, 가을, 겨울로 구분하고, 열대 지방은 강우량*을 기준으로 하여 기후가 건조한 '건기'와 비가 많이 내리는 '우기'로 나누어요.

① 계절 ② 명절 ③ 계량

No. 0585
사철록
(봄의 모습)
계절포켓몬
타입: 노말, 풀
키: 0.6m 몸무게: 19.5kg

계절에 따라 냄새도 변해요. 초봄에는 은은하게 달콤하면서 마음이 차분해지는 향기가 나요.

*강우량: 일정 기간 동안 일정한 곳에 내린 비의 양.

51 · 정답

① 계절

지구는 매년 일정한 주기로 날씨와 온도가 달라져요. 이건 지구의 자전*과 공전** 때문이에요. 지구는 약 23.5도 기울어진 채로 자전하면서 태양 주위를 공전하는데 이 때문에 지구가 태양을 도는 동안 햇빛의 각도와 양이 변하며 계절의 변화가 나타나요. 예를 들어 겨울에는 태양이 낮게 떠서 햇빛이 비스듬히 들어오고, 낮도 짧아져서 기온이 낮아져요.

흥미진진 정보 톡톡

지구는 하루(24시간)에 한 바퀴씩 자전을 해요. 이때 태양빛이 비치는 부분은 낮이 되고, 태양빛이 닿지 않아 어두운 반대편은 밤이 되는 거예요.

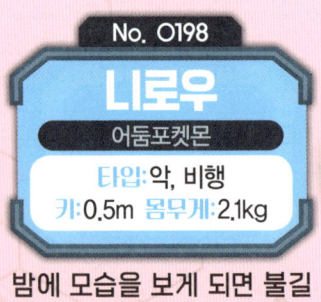

No. 0198
니로우
어둠포켓몬
타입: 악, 비행
키: 0.5m 몸무게: 2.1kg

밤에 모습을 보게 되면 불길한 일이 생긴다고 여겨져 몹시 미움받는 포켓몬이에요.

*자전: 천체가 스스로 고정된 축을 중심으로 회전함.
**공전: 한 천체가 다른 천체의 둘레를 주기적으로 도는 일.

Quiz 52

밤하늘을 올려다보면 반짝이는 이것을 볼 수 있어요. 지구에서 아주 멀리 떨어져 있는 거대한 가스 덩어리로, 핵융합*이라는 반응이 일어나 엄청나게 많은 에너지가 만들어지고, 그 에너지가 빛으로 퍼져 나와 우리에게 도달하는 거예요. 맑은 날에는 특히 잘 보여서 밤하늘을 아름답게 수놓아요.

① 달   ② 별   ③ 화성

No. 0120
별가사리
별포켓몬
타입:물
키:0.8m 몸무게:34.5kg

빨간 핵이 있는 한, 몸이 조각나도 바로 재생해요. 한밤중에 핵이 반짝거려요.

*핵융합: 가벼운 몇 개의 원자핵이 핵반응으로 결합하여 무거운 원자핵으로 되는 일.

52 · 정답

② 별

별은 핵융합 반응으로 스스로 빛을 내는 커다란 가스 덩어리예요. 우리가 매일 보는 태양도 별이지요. 핵융합 반응은 별의 생애 동안 수억 년, 때로는 수십억 년에 걸쳐 계속 된다고 해요. 별은 온도에 따라 색깔이 달라지는데 파란색 별이 가장 뜨겁고, 빨간색 별이 가장 덜 뜨거워요. 별자리는 밤하늘의 별들을 연결해 신화 속 인물이나 물건 등의 이름을 붙여 놓은 거예요.

흥미진진 정보 톡톡

까마귀와 까치가 일년에 한 번 견우와 직녀가 만날 수 있게 다리를 만든다는 견우직녀 설화는 독수리자리의 알타이르와 거문고자리의 베가라는 별에서 비롯되었어요.

No. 0822

파크로우

까마귀포켓몬

타입: 비행
키: 0.8m 몸무게: 16.0kg

높은 지능을 가진 이유는 뇌가 다른 새포켓몬에 비해 크기 때문이라고 전해지고 있어요.

Quiz 53

우리는 가끔 밤하늘에서 불빛을 뿜으며 빠르게 지나가는 **이것**을 볼 수 있어요. 우주에 떠다니던 작은 돌멩이나 먼지가 지구의 대기권 안으로 들어오면 공기와 부딪히게 되는데 이때 뜨겁게 타오르면서 빛을 내는 거지요. **이것**을 보며 소원을 빌면 이루어진다는 이야기가 있어요.

① 샛별   ② 인공위성   ③ 별똥별

No. 0173

삐

별포켓몬

타입: 페어리
키: 0.3m 몸무게: 3.0kg

유성이 반짝거리는 심야에 지그시 하늘을 바라보는 모습은 고향의 기억을 떠올리는 것 같아요.

53 · 정답

③ 별똥별

별똥별은 '유성'을 일상적으로 이르는 말이에요. 별똥별은 사실 진짜 별이 아니에요. 돌이나 먼지가 지구 대기 속에서 타면서 생기는 빛줄기를 우리가 보는 거지요. 때로는 이러한 별똥별 여러 개가 비처럼 쏟아질 때도 있는데 이를 유성우라고 해요. 별똥별 중 일부는 완전히 타지 않고 땅에 떨어지기도 하며 이를 운석이라고 해요.

흥미진진 정보 톡톡

유성은 초속 10~70km의 빠른 속도로 돌진하기 때문에 밤하늘에서 단 몇 초 만에 사라져 버려요. 그래서 별똥별을 보면 재빨리 소원을 빌어야 한다고 하지요.

No. 0774
메테노(빨간색 코어)
유성포켓몬
타입: 바위, 비행
키: 0.3m 몸무게: 0.3kg

지상에 떨어진 메테노는 우주로 돌아가려 하지만 이를 이루지 못한 채 점점 사라질 뿐이에요.

Quiz 54

이것은 지구의 유일한 자연 위성*으로, 지구와 가장 가까운 천체예요. 매일 밤 모양이 조금씩 달라지는데 완전히 둥근 모양일 때도 있고, 손톱 같은 모양일 때도 있어요. 스스로 빛을 내지는 못하지만 태양빛을 반사해 밝게 빛나요. 낮에는 잘 보이지 않지만, 밤이 되면 하늘이 어두워져 잘 보이지요.

① 소행성 ② 달 ③ 금성

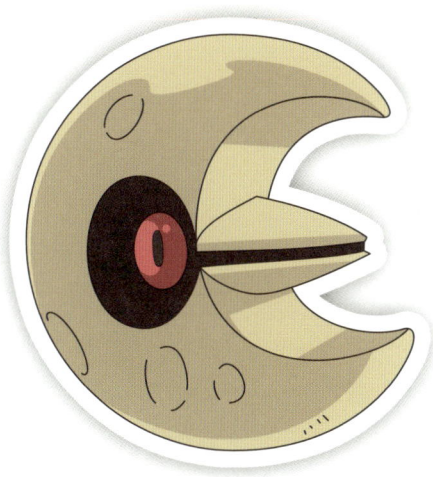

No. 0337
루나톤
별똥별포켓몬
타입: 바위, 에스퍼
키: 1.0m 몸무게: 168.0kg

보름달의 밤이 되면 활발하게 활동하기 때문에 달의 변화와 관계있다고 전해져요.

*위성: 행성 주위를 도는 천체.

54 · 정답

② 달

달의 공전 주기*는 약 27.3일이며 자전 주기도 이와 같아요. 그래서 달은 언제나 같은 면만 우리에게 보여 주지요. 우리가 보는 달의 모양이 매일 달라지는 이유는 지구, 달, 태양의 위치가 조금씩 달라지면서 태양빛이 달에 비치는 모습이 바뀌기 때문이에요. 한편 달의 중력은 지구의 바닷물을 끌어당겨요. 이 때문에 지구의 바다에 밀물과 썰물이 생겨요.

흥미진진 정보 톡톡

우리나라에서는 추석이 되면, 가족들이 함께 모여 송편을 빚고, 차례를 지내요. 밤이 되면 보름달을 보며 소원을 비는데 이를 '달맞이'라고 해요.

No. 0385
지라치
희망사항포켓몬
타입: 강철, 에스퍼
키: 0.3m 몸무게: 1.1kg

1000년 중 7일 동안만 깨어나 모든 소원을 이루어 주는 능력을 발휘한다고 해요.

*주기: 회전하는 물체가 한 번 돌아서 본래의 위치로 오기까지의 시간.

Quiz 55

이것은 북극이나 남극 근처에서 볼 수 있는 신비로운 자연 현상이에요. 태양에서는 태양풍이라는 빠른 입자들이 뿜어져 나오는데 이 입자들이 지구의 대기와 만나 하늘에 멋진 빛을 만들어 내는 거예요. 주로 날씨가 맑은 밤에 녹색, 보라색, 빨간색 등 화려한 색으로 나타나 사람들을 매료시켜요.

① 오로라   ② 판도라   ③ 은하수

No. 0245
스이쿤
오로라포켓몬
타입: 물
키: 2.0m 몸무게: 187.0kg

세계 곳곳을 뛰어다니며 오염된 물을 정화시켜요. 북풍과 함께 떠나가요.

55 · 정답

① 오로라

오로라는 태양에서 나온 전기를 띈 입자들이 지구 대기와 부딪히면서 생겨요. 지구는 자기장이 강력한 방패 역할을 하여 우주에서 날아오는 입자들을 대부분 막아 내요. 하지만 북극과 남극 근처는 이 자기장이 약해서 입자들이 조금씩 들어오지요. 이때 들어온 입자들이 공기 속에 있는 질소나 산소와 부딪혀 빛나는 에너지가 만들어지고, 색색의 오로라가 돼요.

흥미진진 정보 톡톡

오로라는 많은 문화에서 신비로운 현상으로 여겨졌어요. 노르웨이의 고대 신화에서 오로라는 전사의 영혼들이 하늘에서 춤추는 모습으로 여겨졌어요.

No. 0936
카디나르마
불의전사포켓몬
타입: 불꽃, 에스퍼
키: 1.5m 몸무게: 85.0kg

많은 무공을 세운 전사의 갑옷에 의해 진화한 모습이에요. 충성심이 강한 포켓몬이에요.

Quiz 56

이것은 우주에서 아주 신비롭고 무서운 천체 중 하나예요. 태양보다 몇 배 혹은 수십 배 무거운 별이 죽을 때 생겨요. 어마어마한 중력 때문에 빛조차 빠져나올 수 없어서 우리 눈에는 검은 구멍처럼 보이지요. 과학자들은 **이것**을 연구하며 우주의 비밀을 풀어 가고 있어요.

① 블랙박스　② 블랙홀　③ 싱크홀

No. 0282
메가가디안
포용포켓몬
타입: 에스퍼, 페어리
키: 1.6m　몸무게: 48.4kg

트레이너를 지키기 위해서라면 사이코 파워를 모두 써서 작은 블랙홀을 만들어 내요.

56 · 정답

② 블랙홀

블랙홀은 무거운 별이 수명을 다해서 마지막에 폭발할 때 생겨나요. 이 폭발을 '초신성 폭발'이라고 불러요. 폭발 뒤 남은 별의 무거운 중심이 뭉쳐져 블랙홀이 되지요. 블랙홀은 중력이 강해서 가까이 있는 모든 것을 빨아들여요. 이 힘이 너무 강해 시간과 공간도 크게 휘어지지요. 가까이 있는 가스나 별이 빨려 들어가면서 주위에서 밝은 빛이 생기기도 해요.

흥미진진 정보 톡톡

아인슈타인(1879~1955)은 일반 상대성 이론에서 중력이 강할수록 시간이 느리게 흐른다고 했어요. 따라서 블랙홀에 가까이 가면 시간이 무척 느리게 흘러요.

No. 0251
세레비
시간이동포켓몬
타입: 에스퍼, 풀
키: 0.6m 몸무게: 5.0kg

시간을 넘어 여기저기를 방황해요. 세레비가 모습을 나타낸 숲은 초목이 무성해진다고 해요.

어떤 포켓몬에 대한 설명일까요?

포켓몬에 대한 설명을 잘 읽어 보고, 누구의 것인지 찾아 선으로 이어 주세요.

- 먹이가 바뀌면 만들어 내는 향기도 바뀌어요!
- 콧구멍은 모래를 분사하는 일에 특화되어 있어요.
- 빨간 핵이 있는 한, 몸이 조각나도 바로 재생해요.
- 시간을 넘어 여기저기를 방황해요.

별가사리

슈쁘

모래뱀

세레비

꽁꽁 숨은 꽁어름을 찾아라!

포켓몬들이 꽁어름을 찾고 있어요. 사다리를 타고 내려가 꽁어름을 만나게 될 포켓몬을 찾아 ○ 하세요

피카츄 · 나오하 · 뜨아거 · 꾸왁스

프리지오 · 꽁어름 · 바닐리치 · 크레베이스

4장
놀라운 우리의 몸

놀라운 우리의 몸

#신체 #인간 #감각

#물 #세포 #장기

우리의 몸에 대해 자세히 살펴보며
인체의 신비를 느껴 봐요!

Quiz 57

생물을 이루는 기본 단위로, 우리 몸의 피부, 근육, 뼈, 혈액 같은 것은 모두 이것으로 이루어져 있어요. 한 사람의 몸에 수조 개나 되는 이것이 있고, 이 안에서 에너지를 만들고, 다친 곳을 스스로 고치는 등 몸을 유지하기 위한 다양한 활동이 일어나요. 동물뿐 아니라 식물도 모두 이것으로 되어 있어요.

① 공포　② 대포　③ 세포

No. 0577
유니란
세포포켓몬
타입: 에스퍼
키: 0.3m 몸무게: 1.0kg

특수한 액체에 몸이 둘러싸여 있어 어떠한 환경에서도 살 수 있어요.

57 · 정답

③ 세포

세포는 크기가 1~100마이크로미터 정도로 아주 작기 때문에 현미경으로만 볼 수 있어요. 하지만 그 안에서 에너지 생산, 물질 합성, 정보 전달 등 생명 활동에 필요한 모든 과정이 일어나지요. 세포는 몸의 부분마다 크기와 모양이 다양하고, 하는 일도 달라요. 우리 몸에는 세균을 잡아먹는 백혈구, 산소를 운반하는 적혈구, 몸을 움직이는 근육 세포 등 다양한 세포들이 있어요.

흥미진진 정보 톡톡

세포가 둘 또는 그 이상으로 나뉘어 새로운 세포를 만들어 내는 것을 '세포 분열'이라고 해요. 세포 분열 덕분에 우리는 키가 크고, 다친 곳도 회복되는 등 건강하게 살아갈 수 있어요.

No. 0578
듀란
분할포켓몬
타입:에스퍼
키:0.6m 몸무게:8.0kg

둘로 분열된 뇌를 가지고 있어서 갑자기 다른 행동을 취할 때가 있어요.

Quiz 58

이것은 우리 몸의 특징과 모양 등을 결정하는 중요한 정보가 담긴 물질이에요. 눈 색깔, 머리 모양, 목소리, 키처럼 부모님에게서 물려받은 성질은 모두 이것과 관련이 있어요. 세포의 중앙에는 세포의 핵이 있는데 그 핵 안에 있는 염색체 속에 있지요. 생물의 유전 정보를 담고 있는 이것은 무엇일까요?

① 그림자　　② 주전자　　③ 유전자

No. 0150

뮤츠

유전자포켓몬

타입: 에스퍼
키: 2.0m 몸무게: 122.0kg

뮤의 유전자를 재구성해서 만들어졌어요. 포켓몬 중에서 가장 난폭한 마음을 가지고 있다고 해요.

58 · 정답

③ 유전자

모든 생물체는 유전자를 가지고 있어요. 유전자는 세포가 어떤 일을 해야 하는지 알려 주는 '설명서' 같은 역할을 해요. 그래서 이 설명서를 바탕으로 우리 몸의 여러 부분이 만들어지고 움직이게 되는 것이지요. 또한 유전자는 환경의 영향을 받기도 해요. 그래서 같은 유전자를 가진 사람이라도 자라는 환경에 따라 유전자의 발현*이 달라져서 성격이나 모습 등이 달라질 수 있어요.

흥미진진 정보 톡톡

일란성 쌍둥이는 거의 똑같은 유전자를 가지고 있어요. 그래서 외모나 성격 등이 대체로 매우 비슷하지요. 가까운 사람이 아니면 둘을 구분하기 어려울 때가 많아요.

No. 0084

두두

쌍둥이새포켓몬

타입:노말, 비행
키:1.4m 몸무게:39.2kg

완전히 같은 유전자를 가진 쌍둥이의 머리로 호흡이 척척 맞는 콤비네이션을 구사하며 싸워요.

*발현:: 속에 있거나 숨은 것이 밖으로 나타나거나 그렇게 나타나게 함. 또는 그런 결과.

Quiz 59

유전자가 정보 조각이라면 **이것**은 그 조각들을 이어 붙여 만든 책 같은 거예요. 모든 생물의 세포 속에 있으며, 두 줄로 꼬여 있는 사다리처럼 생긴 이중 나선 구조를 가지고 있지요. 우리가 부모님을 닮은 것은 부모님들이 아기를 가질 때 양쪽의 **이것**을 각각 절반씩 아이에게 전달해 주기 때문이에요.

① DNA ② FDA ③ CIA

No. 0386
테오키스(노말폼)
DNA포켓몬
타입:에스퍼
키:1.7m 몸무게:60.8kg

운석에 붙어 있던 우주 바이러스의 DNA가 변이하여 생겨난 포켓몬이에요.

59 · 정답

① DNA

DNA는 '데옥시리보 핵산(Deoxyribo Nucleic Acid)'의 약자로, 생물의 유전 정보를 저장하고 전달하는 중요한 물질이에요. DNA가 이중 나선 구조라는 것은 1953년, 미국의 과학자 제임스 왓슨(1928~)과 영국의 과학자 프랜시스 크릭(1916~2004)에 의해 처음 밝혀졌어요. 두 사람은 생명 과학의 발전에 기여한 공로를 인정받아 1962년, 노벨 생리 의학상을 수상했어요.

흥미진진 정보 톡톡

DNA의 일부를 잘라내거나 바꿔서 유전자를 조작하는 기술이 있어요. 질병 치료 등에 유용한 기술이지만 '사람의 유전자를 수정하는 것이 옳은 일인가?'를 두고 많은 논란이 있어요.

No. 0326
피그킹
조작포켓몬
타입:에스퍼
키:0.9m 몸무게:71.5kg

상대를 조종할 때 사용하는 이상한 스텝은 옛날에 외국에서 크게 유행했던 적이 있어요.

Quiz 60

이것은 우리가 생각하고, 기억하고, 움직이게 하는 아주 중요한 기관으로, 머리뼈 안에 있어요. 우리가 보고, 듣고, 느끼는 모든 감각 정보를 처리하고, 몸이 어떻게 움직일지 결정해요. 우리 몸의 여러 기능이 잘 작동하도록 신호를 보내고, 호르몬 분비를 조절하기도 하지요.

① 간　　② 뇌　　③ 위

No. 0605

리그레
브레인포켓몬
타입: 에스퍼
키: 0.5m　몸무게: 9.0kg

TV 근처에 있으면 모니터에 기묘한 풍경이 비쳐요. 리그레의 고향이라 여겨지고 있어요.

60 · 정답

② 뇌

뇌는 머리뼈 안에 있는 중추 신경계*의 일부예요. 뉴런이라고 하는, 약 1000억 개의 신경 세포로 이루어져 있으며, 각 뉴런은 전기 신호를 통해 다른 뉴런과 정보를 주고받지요. 이 덕분에 우리는 생각하고, 움직이고, 감정을 느낄 수 있어요. 뇌는 우리 몸의 모든 신경을 지배하는 '지휘자' 같은 역할을 하기 때문에 뇌가 제대로 작동하지 않으면 우리의 몸도 정상적으로 움직이지 않아요.

흥미진진 정보 톡톡

해파리는 뇌는 없지만, 몸 안에 약 수천 개로 추정되는 신경 세포가 있어요. 해파리는 이 신경망을 통해 자극에 반응하고 몸을 움직여, 뇌 없이도 생명 활동을 해 나가요.

No. 0072

왕눈해
해파리포켓몬
타입: 물, 독
키: 0.9m 몸무게: 45.5kg

유리처럼 새빨간 눈에서 광선을 내보내요. 보통 얕은 바다 위에 떠 있지만 간조일 때 해변에 말라붙어 있는 경우도 있어요.

*중추 신경계: 동물의 신경 계통이 집중하여 중심부를 형성하고 있는 부분.

Quiz 61

이것은 우리가 세상을 볼 수 있게 해 주는 아주 중요한 기관이에요. 빛이 **이것**에 들어오면 안쪽에 있는 망막이라는 곳에서 그 빛을 감지해요. 그 뒤 그 정보를 신경을 통해 뇌로 전달하지요. 그 덕분에 우리가 물체의 모양이나 색깔, 거리 등을 알아차릴 수 있게 되는 거예요.

① 귀   ② 혀   ③ 눈

No. 0405
렌트라
안광포켓몬

타입: 전기
키: 1.4m 몸무게: 42.0kg

벽 저편까지 볼 수 있는 힘으로 도망친 먹이를 쫓는 것 이외에도 미아가 된 아이를 찾기도 해요.

61 · 정답

③ 눈

빛을 감지하는 눈은 굉장히 정교하게 발달된 신체 기관이에요. 사람의 눈은 약 1천5백 가지 이상의 색을 구별할 수 있다고 하지요. 눈은 각막, 동공, 홍채, 망막 등 여러 가지 구조로 이루어져 있으며 각각 하는 일도 달라요. 예를 들어 빛이 제일 먼저 통과하는 각막은 빛을 약간 굴절시켜 점을 맞추는 데 도움을 주고, 홍채는 망막에 비치는 빛의 양을 적절히 조정해요.

흥미진진 정보 톡톡

잠자리는 두 개의 큰 눈을 가지고 있는데, 각 눈은 수천 개의 작은 눈으로 이루어져 있어요. 그래서 시야가 무척 넓고, 빠르게 움직이는 물체도 잘 감지할 수 있어요.

No. 0469
메가자리
깨비잠자리포켓몬
타입: 벌레, 비행
키: 1.9m 몸무게: 51.5kg

턱의 힘은 엄청나요. 고속으로 날아서 스치는 순간 상대를 물어뜯는 것이 특기예요.

Quiz 62

우리 몸에는 우리가 움직일 수 있도록 도와주는 특별한 조직*이 있어요. 예를 들어 우리가 걷거나 뛸 때, 웃거나 물건을 들 때, **이것**이 움직이지요. 열심히 운동하면 크기가 커지고, 너무 많이 움직이면 경련이 일어나기도 해요. 움직일 때 열을 내어 우리가 몸을 따뜻하게 유지하는 데도 중요한 역할을 하지요.

① 근육　　② 과육　　③ 체육

No. 0067

근육몬
괴력포켓몬

타입: 격투
키: 1.5m 몸무게: 70.5kg

근육몬의 끝없는 파워는 매우 위험하므로 힘을 제어하는 벨트를 차고 있어요.

*조직: 동일한 기능과 구조를 가진 세포의 집단.

62 · 정답

① 근육

우리의 몸에는 600개가 넘는 근육이 있는데, 이 근육들이 없다면 우리는 움직일 수도 없고 심지어 숨을 쉴 수도 없어요. 심장이 뛰는 것도 심장의 근육이 스스로 끊임없이 움직이기 때문이지요. 운동을 열심히 하면 근육에 작은 상처가 날 수 있는데 이때 잘 먹고 푹 쉬면, 상처가 아물면서 근육이 더 튼튼하고 강해질 수 있어요.

흥미진진 정보 록록

요가는 고대 인도로부터 전해져 내려오는 운동이에요. 요가의 동작들은 근육을 늘리는 스트레칭을 통해 유연성을 키우면서 동시에 근력을 강화하는 효과가 있어요.

No. 0307
요가랑
명상포켓몬
타입: 격투, 에스퍼
키: 0.6m 몸무게: 11.2kg

매일 요가 수행을 거르지 않아요. 명상을 통해서 정신력을 높여요.

Quiz 63

우리 혀에는 아주 작은 돌기들이 있어서 음식을 먹을 때 각각의 맛을 느낄 수 있어요. 이 돌기 속에는 미뢰라고 하는 특별한 감각 세포가 있어, 음식 속의 성분을 감지하고 이를 뇌로 전달해 주지요. 이때 느끼는 단맛, 신맛, 짠맛, 쓴맛, 감칠맛과 같은 맛을 느끼는 감각을 이것이라고 해요.

① 착각 ② 시각 ③ 미각

No. 0446
먹고자
대식가포켓몬
타입:노말
키:0.6m 몸무게:105.0kg

매일 자신의 체중과 같은 양의 먹이가 필요해요. 맛에 대해서는 신경 쓰지 않아요.

63 · 정답

③ 미각

혀에 있는 작은 돌기를 '유두'라고 부르며 미뢰는 이 유두의 옆면에 붙어 있어요. 미뢰가 음식 속의 성분을 감지하여 뇌에 전달해서 우리가 여러 가지 맛을 느끼는 거지요. 한편, 미각은 냄새를 맡는 감각인 후각과도 아주 깊은 관련이 있어요. 그래서 코가 막혀 냄새를 잘 맡지 못하면 음식의 맛도 제대로 느껴지지 않아요.

흥미진진 정보 톡톡

혀는 맛을 느끼는 것뿐만 아니라 건강 상태를 알려 주는 역할도 해요. 예를 들어 혀가 하얗게 보이거나 너무 붓는다면 몸에 이상이 있다는 뜻이에요.

No. 0108
내루미
핥기포켓몬
타입:노말
키:1.2m 몸무게:65.5kg

손 대신 신장의 2배로 늘어나는 혓바닥을 사용해요. 끈적끈적한 타액이 무엇이든 달라붙게 해요.

Quiz 64

음식이 입속으로 들어오면, 이는 음식물을 잘게 부수고, 침은 음식물을 부드럽게 만들어 줘요. 그 뒤 삼켜진 음식은 여러 장기를 지나 이동하면서 점점 더 작은 조각으로 나뉘어요. 이 과정을 통해 몸에 필요한 영양분은 흡수되고, 남은 찌꺼기는 몸 밖으로 나가게 되지요. 이 과정을 우리는 **이것**이라고 해요.

① 전화   ② 소화   ③ 소비

No. 0316

꼴깍몬

밥통포켓몬

타입:독
키:0.4m 몸무게:10.3kg

무엇이든 소화하는 위를 가졌어요. 소화할 때 발생하는 가스는 강렬한 악취가 나요.

64 · 정답

② 소화

소화는 먹은 음식을 분해하여 영양분을 흡수하기 쉬운 형태로 변화시키는 일을 말해요. 이 과정은 입에서 시작하여 식도, 위, 소장(작은창자), 대장(큰창자), 항문으로 이어지지요. 특히 소장에서는 영양분이 혈관을 통해 몸속으로 흡수돼요. 이 영양분은 우리의 몸을 움직이게 하는 에너지가 되거나, 뼈나 근육 등을 만드는 데 사용돼요.

흥미진진 정보 톡톡

맛있는 음식 냄새를 맡으면 자동으로 침이 나와요. 이는 소화를 돕고 영양분을 흡수하기 위해 뇌가 침샘을 자극해서 일어나는 현상이에요.

No. 0044
냄새꼬
잡초포켓몬
타입: 풀, 독
키: 0.8m 몸무게: 8.6kg

조금씩 배어 나오는 것은 침이 아니에요. 꿀 같은 즙으로 먹잇감을 유인하는 것이에요.

Quiz 65

모든 생물은 소화를 하거나 호흡을 하고 난 뒤에는 '노폐물'이라는 찌꺼기가 몸속에 남아요. 노폐물은 더 이상 몸에 필요하지 않거나 해가 될 수 있기 때문에 오줌이나 땀의 형태로 몸 밖으로 내보내야 해요. 이렇게 몸속의 노폐물을 내보내는 과정을 이것이라고 해요.

① 배설   ② 전설   ③ 소화

No. 0088

질퍽이

오물포켓몬

타입:독
키:0.9m 몸무게:30.0kg

오물이 포켓몬이 되었어요. 더러운 장소에 모여 몸의 세균을 번식시켜요.

65 · 정답

① 배설

배설은 노폐물을 몸 밖으로 내보내는 것뿐만 아니라 우리 몸속의 수분량을 조절하는 데도 중요한 역할을 해요. 그래서 물이나 음료수를 많이 마시면 오줌이 많이 나오는 거예요. 오줌은 95%가 물이고, 나머지는 소금과 노폐물로 이루어져 있어요. 우리 혈액 속에 쌓여 있던 노폐물이 콩팥에서 걸러져 덜 해로운 물질로 바뀐 뒤, 방광에 저장되었다가 몸 밖으로 나오는 거예요.

흥미진진 정보 톡톡

비버의 항문샘에서는 '캐스토리움'이라고 하는 끈적한 액체가 나와요. 옛날에는 이 액체로 바닐라 향을 만들어 아이스크림이나 향수 등에 쓰기도 했어요.

No. 0400
비버통
비버포켓몬
타입:노말, 물
키:1.0m 몸무게:31.5kg

강을 나무줄기나 진흙의 댐으로 막아서 거처를 만들어요. 부지런한 일꾼으로 알려져 있어요.

Quiz 66

사람과 동물은 하루의 일정 시간 동안 **이것**을 통해 몸을 회복하고 에너지를 충전해야 해요. 이 과정에서 뇌는 낮에 얻은 정보를 정리하고, 몸에서는 성장과 회복에 필요한 호르몬이 분비되지요. 이것이 부족하면 집중력이 떨어지고 면역력이 약해져 건강이 나빠질 수 있어요.

① 밤　　② 땀　　③ 잠

No. 0143

잠만보

졸음포켓몬

타입: 노말
키: 2.1m　몸무게: 460.0kg

자고 있을 때를 제외하고는 항상 먹이를 먹고 있는 대식가예요. 하루에 400kg은 먹어 치워요.

66 · 정답

③ 잠

잠을 잘 때 우리의 몸에는 많은 변화가 일어나요. 체온이 약간 내려가면서 몸이 휴식을 취할 준비를 하고, 심장은 평소보다 천천히 뛰며 에너지를 아끼지요. 또 백혈구가 활발히 활동하여 면역력을 높이고, 뇌도 회복되면서 기억력이 좋아져요. 특히 깊은 잠에 빠질 때 성장 호르몬이 많이 분비되기 때문에 키가 크기 위해서는 잠을 충분히 자는 것이 중요해요.

흥미진진 정보 톡톡

낮에 잠을 자고, 밤에 주로 활동하는 동물을 '야행성 동물'이라고 해요. 올빼미, 부엉이, 박쥐 등이 대표적인 야행성 동물이에요.

No. 0722
나몰빼미
풀깃포켓몬
타입: 풀, 비행
키: 0.3m 몸무게: 1.5kg

좁고 어두운 곳을 편안해해요. 트레이너의 품이나 가방을 둥지로 삼을 때도 있어요.

실루엣을 찾아라!

포켓몬들이 자기 실루엣을 찾을 수 있도록 선으로 이어 주세요.

두두

피그킹

냄새꼬

나몰빼미

꼴깍몬

포켓몬 도감 체크! 체크!

누군가 포켓몬 도감에 장난을 쳤어요. 도감 정보를 꼼꼼히 살펴보고 잘못된 부분을 찾아 ○ 해 주세요.

No. 0605
리그레
브레인포켓몬
타입: 에스퍼 키: 0.5m 몸무게: 9.0kg

둘로 분열된 뇌를 가지고 있어요.

No. 0446
먹고자
대식가포켓몬
타입: 불 키: 0.6m 몸무게: 105.0kg

맛에 대해서는 신경 쓰지 않아요.

No. 0405
렌트라
해파리포켓몬
타입: 전기 키: 1.4m 몸무게: 42.0kg

벽 저편까지 볼 수 있는 힘이 있어요.

No. 0400
비버통
비버포켓몬
타입: 노말, 물 키: 1.0m 몸무게: 31.5kg

오물이 포켓몬이 되었어요.

5장
흥미진진한 동물의 세계

Quiz 67

이것은 중생대 쥐라기와 백악기에 걸쳐 번성하였던 거대한 동물이에요. 과학자들이 땅속 지층에서 발견되는 뼈, 알, 발자국 화석으로 생김새와 생활 모습을 연구하고 있지요. 이것이 멸종한 이유로는 약 6천6백만 년 전, 지구로 떨어진 거대한 운석과 그로 인해 생긴 기후 변화 등이 꼽히고 있어요.

① 공룡　② 도롱뇽　③ 용

No. 0142

프테라
화석포켓몬

타입: 바위, 비행　키: 1.8m　몸무게: 59.0kg

공룡 시대의 넓은 하늘을 날아다녔던 포켓몬이에요. 톱 같은 이빨을 가지고 있어요.

67 · 정답

① 공룡

공룡은 약 2억 3천만 년 전 지구에 처음 등장한 파충류예요. 지금의 도마뱀이나 악어 같은 일반적인 파충류와 달리 다리가 몸 아래에 있어 똑바로 걸을 수 있었고, 몸집이 더 크고 무겁게 자랄 수 있었지요. 일부는 깃털이 달려 있었고 뼈 구조가 지금의 새와 비슷했어요. 그래서 과학자들은 공룡이 완전히 멸종하지 않았고, 그 일부가 새로 진화하여 오늘날까지 살아남았다고 보고 있어요.

흥미진진 정보 톡톡

티라노사우루스의 달리기 속도는 시속 20km 정도로 추정돼요. 사람보다 조금 더 빠른 정도라, 사냥할 때는 숨어 있다가 먹잇감을 덮치는 방법을 썼을 가능성이 높다고 해요.

No. 0696
티고라스
유군포켓몬
타입: 바위, 드래곤
키: 0.8m 몸무게: 26.0kg

화석에서 부활한 포켓몬이에요. 마음에 들지 않는 일이 있으면 짜증을 내며 난동을 부려요.

Quiz 68

이것은 알에서 나온 후 아직 다 자라지 않은 벌레를 뜻해요. 몸이 부드럽고 길쭉하며 다리가 여러 개 있는 모습을 많이 떠올리지만 모두 그런 건 아니에요. **이것**은 대부분 나뭇잎을 갉아 먹으며 자라요. 시간이 지나면 스스로 몸을 감싸 번데기로 변신할 준비를 하기도 하고, 곧바로 성장하여 성충(어른벌레)가 되기도 해요.

① 발레 ② 애벌레 ③ 해충

No. 0010
캐터피
애벌레포켓몬
타입 : 벌레
키 : 0.3m 몸무게 : 2.9kg

빨간 더듬이로부터 냄새를 내어 상대를 쫓아 버려요. 탈피를 반복하여 자라나요.

68 · 정답

② 애벌레

일반적으로 애벌레라고 하면 곤충의 유충*을 떠올려요. 하지만 과학적으로는 '완전 탈바꿈'을 하는 곤충의 유충을 뜻하지요. 완전 탈바꿈이란 곤충이 자라면서 몸의 모양이 완전히 달라지는 것을 말해요. 이 경우 곤충은 알 – 애벌레 – 번데기 – 성충의 순서로 자라지요. 반면 '불완전 탈바꿈'을 하는 곤충은 '약충'이라는 단계를 지나며, 번데기가 되지 않고 곧바로 성충이 돼요.

흥미진진 정보 톡톡

완전 탈바꿈을 하는 곤충으로는 나비, 벌, 무당벌레, 파리 등이 있어요. 이 곤충들은 애벌레 시절에 번데기가 되기 전까지 많은 영양분을 섭취하며 성장에 집중해요.

No. 0012
버터플
나비포켓몬
타입 : 벌레, 비행
키 : 1.1m 몸무게 : 32.0kg

꽃의 꿀을 매우 좋아해요. 약간의 꽃가루만으로 꽃밭이 있는 장소를 찾아낼 수 있어요.

*유충 : 알에서 나온 후 아직 다 자라지 않은 어린벌레.

Quiz 69

나비처럼 완전 탈바꿈을 하는 곤충은 애벌레 단계를 지나 갑자기 움직임을 멈추고 몸을 싸매며 이것으로 변해요. 아무것도 먹지 않고 고치 같은 껍질 안에 들어가 있는 것이지요. 겉보기에는 가만히 있는 것처럼 보이지만, 안에서는 애벌레의 기관과 조직이 성충의 것으로 바뀌는 변화가 일어나고 있어요.

① 새침데기   ② 껍데기   ③ 번데기

No. 0011
단데기
번데기포켓몬
타입: 벌레
키: 0.7m 몸무게: 9.9kg

강철같이 단단한 껍질로 부드러운 몸을 보호하고 있어요. 진화할 때까지 가만히 참고 있어요.

69 · 정답

③ 번데기

번데기 안에서는 기존 유충의 조직이 분해되고 새로운 조직과 기관이 만들어지는 복잡한 변화가 일어나요. 이 과정을 탈바꿈(변태)라고 해요. 번데기의 단단한 껍질은 애벌레를 천적이나 바깥 환경으로부터 보호해 주는 역할을 해요. 초파리, 모기 등은 번데기에서 며칠 만에 어른벌레가 되지만 호랑나비, 매미 등은 몇 달 동안 번데기 상태로 지내기도 해요.

흥미진진 정보 톡톡

누에는 번데기가 되기 전, 실로 고치를 만들어요. 이 고치는 약 1km나 되는 가는 실 한 가닥으로 이어져 있어요. 사람들은 이 고치에서 뽑은 실로 비단을 만들어요.

No. 0266

실쿤
번데기포켓몬
타입: 벌레
키: 0.6m 몸무게: 10.0kg

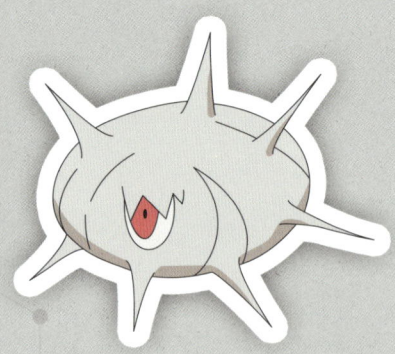

몸에서 나오는 실을 가지에 휘감아서 떨어지지 않게 고정해요. 가만히 꼼짝 않고 진화를 기다려요.

Quiz 70

이것은 꽃에서 달콤한 액체를 모아 집으로 가져간 뒤, 날갯짓으로 수분을 날려 꿀로 만드는 곤충이에요. 여러 마리가 한집에서 각각의 역할을 나누어 함께 협력하며 생활하지요. 꽃에서 꽃으로 날아다니며 꽃가루를 옮기는 일도 하기 때문에 식물이 열매를 맺도록 도와주는 아주 중요한 곤충이에요.

① 꿀벌 ② 개미 ③ 꿀물

No. 0415
세꿀버리
꼬마벌포켓몬
타입: 벌레, 비행
키: 0.3m 몸무게: 5.5kg

밤이 되면 100마리 정도의 세꿀버리가 모여 커다란 덩어리가 되어 잠자요.

70 · 정답

① 꿀벌

꿀벌은 여느 곤충처럼 몸이 머리, 가슴, 배 세 부분으로 나뉘어져 있고, 한 쌍의 더듬이, 6개의 다리, 2쌍의 날개를 가지고 있어요. 꽃에서 꿀을 모을 때 몸에 꽃가루가 묻고, 이 꽃가루가 다른 꽃으로 옮겨지면서 씨앗이 만들어지게 돼요. 우리가 먹는 농작물의 절반 이상이 꿀벌의 도움을 받아야 열매를 맺을 수 있어요. 그래서 꿀벌은 자연 생태계와 인류의 먹거리 생산을 도와주는 중요한 곤충이에요.

흥미진진 정보 톡톡

벌집은 작은 육각형 모양의 방들이 모여 있는 구조예요. 육각형은 틈이 생기지 않고 딱 맞게 이어질 수 있어서 공간을 가장 알차게 쓸 수 있는 모양이에요.

No. 0416
비퀸
벌집포켓몬
타입: 벌레, 비행
키: 1.2m 몸무게: 38.5kg

몸통은 새끼들의 둥지예요. 여러 페로몬을 내뿜어 새끼들을 자유롭게 조종해요.

Quiz 71

이것은 벌처럼 무리 지어 살아가는 곤충이에요. 일꾼, 병사 등 각자의 역할이 나뉘어 있지요. 먹이를 찾으러 갈 때는 긴 줄을 지어 이동하기도 하고, 위험이 닥치면 서로 신호를 보내 위험을 알려요. 더듬이로 냄새를 맡고 방향을 찾으며, 땅속이나 나무속에 터널을 만들어 집을 짓고 살아가요.

① 거미　　② 개미　　③ 시치미

No. 0632
아이앤트
철개미포켓몬
타입: 벌레, 강철
키: 0.3m　몸무게: 33.0kg

굴속 깊은 곳에 알을 낳아요. 앤티골에게 공격받으면 커다란 턱으로 물어서 반격해요.

71 · 정답

② 개미

개미는 땅속, 나무속에 집을 지어 무리를 이루어 살아요. 사회성이 매우 높은 곤충이어서 각자 맡은 역할을 나눠 협력하며 살아가지요. 여왕개미는 알을 낳고, 수개미는 짝짓기를 하며, 병정개미는 적을 물리치고, 일개미는 먹이를 찾아다녀요. 일개미는 먹이를 찾으면 '페로몬'이라는 화학 물질을 땅에 뿌려 다른 개미가 그 냄새를 따라 줄지어 올 수 있도록 길을 안내해요.

흥미진진 정보 톡톡

명주잠자리의 애벌레인 개미귀신은 개미를 먹고 살아요. 개미를 잡기 위해 마루 밑이나 양지바른 곳에 깔때기 모양의 함정을 만드는데 이를 개미지옥이라고 해요.

No. 0328
톱치
개미지옥포켓몬
타입: 땅
키: 0.7m 몸무게: 15.0kg

건조한 사막에 서식해요. 원뿔형의 보금자리 속에서 조용히 먹잇감을 계속 기다려요.

Quiz 72

하늘을 나는 데 쓰이는 기관으로, 새나 곤충의 몸 양쪽에 붙어 있어요. 보통 가볍고 얇으며, 깃털이나 비늘 같은 모양을 한 것도 있어요. 비행기의 양 옆에 달린 것도 이것이라고 말하지요. 새는 이것과 관련된 근육이 발달해 있고, 몸통이 공기 저항을 줄일 수 있는 구조로 되어 있어 하늘을 마음껏 날 수 있어요.

① 날개 ② 쓸개 ③ 안개

No. 0018

메가피죤투

새포켓몬

타입:노말, 비행
키:2.2m 몸무게:50.0kg

먹이를 찾을 때 수면을 아슬아슬하게 미끄러지듯 날아 잉어킹 등을 움켜잡아요.

72 · 정답

① 날개

새가 날갯짓을 하면 주변의 공기 흐름이 달라져요. 날개 위쪽을 지나는 공기는 빨라지고, 아래쪽 공기는 느려지면서 위아래 공기 사이에 압력의 차이가 생기지요. 그 차이로 인해 몸을 위로 들어 올리는 힘인 양력이 생겨 새가 하늘을 나는 거예요. 하지만 날개가 있다고 모두 날 수 있는 건 아니에요. 타조, 닭, 펭귄처럼 몸이 크거나 날개가 작은 동물은 날 수 없어요.

흥미진진 정보 톡톡

동물의 날개는 적을 위협하거나 위장을 할 때 쓰이기도 해요. 예를 들어 어떤 나비는 날개에 큰 눈처럼 보이는 무늬가 있어서 천적들을 놀라게 하고 도망치게 만들어요.

No. 0284
비나방
안구포켓몬
타입: 벌레, 비행
키: 0.8m 몸무게: 3.6kg

비에 젖으면 특징적인 눈알 모양의 더듬이가 무거워져서 날 수 없게 돼요.

Quiz 73

물고기에게는 풍선처럼 생긴 특별한 기관인 **이것**이 있어요. 물고기는 **이것** 안의 공기 양을 조절하여 물속에서 위로 뜨거나 가라앉는 것을 조절할 수 있지요. 다른 말로 '부레'라고도 불려요. 부레 덕분에 물고기는 에너지를 많이 쓰지 않고도 물속에서 원하는 깊이를 유지할 수 있어요.

① 침낭   ② 배낭   ③ 부낭

No. 0419

플로젤

바다족제비포켓몬

타입: 물
키: 1.1m 몸무게: 33.5kg

부낭을 부풀리면 사람을 등에 태울 수 있어요. 부낭을 오그라들게 하여 잠수해요.

73 · 정답

③ 부낭

물고기는 부낭 속의 공기 양을 늘리면 위로 떠오르고, 공기 양을 줄이면 아래로 가라앉아요. 대부분의 물고기는 부낭을 가지고 있지만 상어처럼 뼈가 연골로 되어 있는 물고기는 부낭이 없어요. 대신 지방이 많은 간을 이용하거나 계속 헤엄치면서 물속에서의 깊이를 조절하지요. 메기나 금붕어 같은 물고기는 부낭과 귀 사이에 있는 '베버 기관'이라는 곳으로 소리를 들어요.

흥미진진 정보 톡톡

고래는 물고기가 아니고 포유류라 부낭이 없어요. 우리처럼 폐로 호흡하기 때문에 숨을 쉬려면 헤엄을 쳐서 꼭 물 위로 올라가야 해요.

No. 0321
고래왕
뜸고래포켓몬
타입: 물
키: 14.5m 몸무게: 398.0kg

제일 큰 포켓몬이에요. 숨을 들이쉬지 않고 3000m의 깊이까지 잠수할 수 있어요.

딱딱한 뼈가 없고, 몸이 말랑말랑해서 자유롭게 움직이는 동물을 이것이라고 해요. 물속에서 사는 것도 있고 육지에서 사는 것도 있어요. 어떤 것은 단단한 껍데기로 몸을 보호하지요. 달팽이, 오징어, 조개, 문어 같은 동물들이 대표적이에요. 대체로 주변의 환경을 감지하는 능력이 뛰어나요.

① 연체동물　② 반려동물　③ 야생 동물

No. 0704
미끄메라
연체포켓몬
타입: 드래곤
키: 0.3m　몸무게: 2.8kg

몸의 대부분이 수분이에요. 건조해서 말라 버리지 않도록 점막으로 전신을 뒤덮고 있어요.

74 · 정답

① 연체동물

연체동물은 등뼈, 즉 척추가 없기 때문에 무척추동물에 속해요. 대부분 바닷속에 살고 있으며 현재 약 8만 종 이상이 알려져 있어요. 문어, 오징어, 해파리, 조개 등이 연체동물이지요. 연체동물은 약 5억 년 전부터 지구에 살았는데 오랜 시간 다양한 모습으로 진화했어요. 오징어나 문어는 주변 환경에 맞게 위장*하는 능력이 발달했고, 해파리는 독침을 갖고 있어요.

흥미진진 정보 톡톡

조개의 몸 안에 모래알 같은 이물질이 들어오면 조개는 그것을 '진주층'이라는 물질로 계속 덮어서 감싸요. 이렇게 겹겹이 쌓인 진주층이 진주가 되는 거예요.

No. 0366
진주몽
두조개포켓몬
타입:물
키:0.4m 몸무게:52.5kg

평생동안 하나만 만드는 진주는 사이코 파워를 증폭시키는 작용을 한다고 해요.

***위장**: 본래의 정체나 모습이 드러나지 않도록 거짓으로 꾸밈.

Quiz 75

닭의 새끼인 병아리는 딱딱한 껍질이 있는 **이것** 안에서 자란 뒤, 적당한 때가 되면 껍질을 깨고 세상 밖으로 나와요. 껍질에 아주 작은 구멍들이 있어 산소가 드나들 수 있고, 안에는 아기 동물이 자랄 수 있는 영양분이 가득하지요. 뱀, 악어 같은 파충류와 조류, 어류, 곤충은 **이것**을 여러 개 낳아요.

① 주머니　② 품　③ 알

No. 0102

아라리

알포켓몬

타입: 풀, 에스퍼
키: 0.4m　몸무게: 2.5kg

알로 착각하여 건드리면 동료들이 모여들어서 집단으로 공격해요.

75 · 정답

③ 알

알은 아기 동물이 자라나는 집과 같아요. 알의 껍질은 단단하거나 미끌미끌한 막으로 되어 있어 외부로부터 새끼를 보호해 줘요. 안에는 '노른자'가 들어 있어 아기 동물에게 필요한 영양분을 제공하지요. 아기 동물이 알 안에서 충분히 자라 껍질을 깨고 나오는 것을 '부화'라고 해요. 동물마다 알의 크기, 색깔, 모양 등이 모두 달라요.

흥미진진 정보 톡톡

포유류는 대부분 새끼를 직접 낳지만, 오리너구리와 가시두더지처럼 알을 낳는 특이한 포유류도 있어요. 과학자들은 이를 통해 포유류의 진화 과정을 밝혀내려고 하고 있어요.

No. 0054
고라파덕
오리포켓몬
타입 : 물
키 : 0.8m 몸무게 : 19.6kg

평상시보다 두통이 심해지면 이상한 힘을 발산하지만 그때의 기억은 없는 듯해요.

Quiz 76

비가 온 다음 날이면 간혹 땅 위로 올라와 있는 이것을 볼 수 있어요. 다리는 없지만 마디마디로 나뉜 몸을 꿈틀꿈틀 움직이며 이동하지요. 흙을 파고 다니며, 흙 속에 사는 용이라 하여 토룡(土龍)이라고도 해요. 땅을 기름지게 만드는 데 도움을 주는 이것은 무엇일까요?

① 구렁이　　② 지렁이　　③ 누렁이

No. 0968
꿈트렁
지렁이포켓몬
타입: 강철
키: 2.5m 몸무게: 310.0kg

적에게 공격을 받으면 털을 주먹처럼 사용하여 폭풍 같은 기세로 펀치를 날려요.

76 · 정답

② 지렁이

지렁이는 다리가 없고 눈도 없지만, 몸 전체가 근육처럼 움직여 꿈틀꿈틀 기어다녀요. 코나 폐가 없어서 피부로 숨을 쉬기 때문에 너무 건조하거나, 주위에 물이 너무 많으면 숨을 쉬기 힘들어 해요. 그래서 비 온 뒤에는 지렁이가 땅 위로 나오는 모습을 볼 수 있지요. 흙을 파고 다니며 공기 구멍을 만들고, 흙 속의 낙엽이나 쓰레기를 분해해 땅을 기름지게 만들어요.

흥미진진 정보 톡톡

지렁이는 식물과도 관련이 깊어요. 지렁이가 다닌 땅은 공기 구멍이 생겨 공기와 물이 잘 통하고, 식물에게 필요한 영양분이 풍부해지기 때문에 식물이 자라기 좋은 환경이 되거든요.

No. 0043
뚜벅쵸
잡초포켓몬
타입:풀, 독
키:0.5m 몸무게:5.4kg

달빛을 받아 눈을 뜨면 여기저기를 돌아다녀요. 낮에는 땅속에서 움직이지 않고 있어요.

Quiz 77

연못이나 저수지 같은 잔잔한 물 위를 자세히 보면, 물에 빠지지 않고 물 위를 미끄러지듯 움직이는 **이것**을 볼 수 있어요. **이것**은 길고 가벼운 다리를 거미처럼 사방으로 쫙 뻗어 물 위를 걷듯 빠르게 헤엄을 쳐요. 다리 끝에는 물에 젖지 않도록 도와주는 작은 털들이 촘촘히 나 있어요.

① 소금쟁이   ② 개구쟁이   ③ 물방개

No. 0283
비구술
소금쟁이포켓몬
타입: 벌레, 물
키: 0.5m 몸무게: 1.7kg

보통은 연못에서 살고 있지만 소나기가 온 뒤에는 마을 안의 물웅덩이에 모습을 드러내요.

77 · 정답

① 소금쟁이

물 분자는 서로 끌어당기는 성질이 있어서 표면이 얇은 막처럼 팽팽하게 당겨지는데 이것을 '표면 장력'이라고 해요. 소금쟁이는 얇고 긴 다리를 이용해 이러한 표면 장력 위에 살짝 올라타서 물 위를 떠다니는 거예요. 소금쟁이는 주로 연못이나 저수지 등 고요한 물 위에서 살며 다른 곤충의 체액을 빨아 먹어요. 몸 길이는 11~16mm예요.

흥미진진 정보 톡톡

소금쟁이가 사는 연못에서는 물 위를 떠다니는 식물인 '개구리밥'도 볼 수 있어요. 개구리가 자주 사는 연못이나 논에 있다고 해서 이런 이름이 붙었지요.

No. 0270
연꽃몬
개구리밥포켓몬
타입: 물, 풀
키: 0.5m 몸무게: 2.6kg

수질이 좋은 연못에는 연꽃몬이 잔뜩 모여 있어서 수면이 잎사귀로 뒤덮이기도 해요.

Quiz 78

이것은 작은 곤충을 잡기 위해 실을 뽑아 그물처럼 집을 짓고 먹이가 걸리기를 가만히 기다리는 동물이에요. 다리는 여덟 개이고, 눈이 여러 개 있어서 사방을 잘 볼 수 있어요. 겉모습은 곤충처럼 보이지만 곤충은 아니에요. 머리와 가슴이 붙어 있고, 날개나 더듬이도 없어요.

① 거미   ② 개미   ③ 취미

No. 0596

전툴라
전기거미포켓몬
타입: 벌레, 전기
키: 0.8m 몸무게: 14.3kg

전기를 띤 실로 함정을 설치해요. 감전돼서 움직이지 못하는 먹이를 천천히 먹어 치워요.

78 · 정답

① 거미

거미는 곤충이 아니라 거미강에 속하는 절지동물이에요. 배 쪽에 있는 실샘이라는 기관에서 거미줄을 뽑아낼 수 있어요. 거미줄은 매우 얇고 가벼운 실처럼 보이지만, 실제로는 철보다 튼튼해서 자기 몸무게보다 몇 배나 무거운 물체도 거뜬히 버틸 수 있지요. 거미는 이 줄로 그물을 만들어 곤충을 잡기도 하고, 이동을 하거나 알을 감싸는 데 쓰기도 해요.

흥미진진 정보 톡톡

거미는 뱀처럼 입 근처에 있는 독샘에서 독을 분비할 수 있어요. 뱀은 송곳니를 통해 독을 주입하고, 거미는 턱 근처 독샘에서 나온 독을 침처럼 이용해요.

No. 0336
세비퍼
송곳뱀포켓몬
타입: 독
키: 2.7m 몸무게: 52.5kg

단단한 바위로 칼날 같은 꼬리를 갈아요. 수풀에 숨어서 먹이에 접근한 다음 독 이빨로 공격해요.

Quiz 79

이것은 사람의 반려동물로 가장 사랑받는 동물이에요. 아주 예민한 후각을 가지고 있어서 사람보다 훨씬 더 많은 냄새를 구별할 수 있지요. 코에 약 2억 개가 넘는 후각 세포가 있어서 아주 약한 냄새도 잘 맡을 수 있어요. 훈련을 받은 뒤, 경찰과 함께 일하며 잃어 버린 사람이나 숨겨진 물건을 찾아내는 데 도움을 주기도 해요.

① 소　　② 말　　③ 개

No. 0506
요테리
강아지포켓몬
타입:노말
키:0.4m　몸무게:4.1kg

용감하고 신중해요. 얼굴을 덮고 있는 부드러운 털로 주변의 정보를 캐치해요.

79 · 정답

③ 개

개는 후각이 매우 뛰어나서 마약을 찾거나, 실종자를 수색하거나, 질병을 알아차리는 등 여러 가지 중요한 일을 도와줘요. 사람과 잘 어울리고 교감을 잘해서, 사람의 표정이나 말투, 감정을 잘 이해할 수 있지요. 개는 약 15000년 전부터 사람과 함께 살기 시작했다고 해요. 오랜 시간 사람 곁에서 지내며, 사람의 좋은 친구로 진화해 온 특별한 동물이지요.

흥미진진 정보 톡톡

고양이도 우리에게 익숙한 반려동물이에요. 예민한 청각과 균형 감각을 가지고 있으며, 어두운 곳에서도 잘 볼 수 있는 눈을 가지고 있어요.

No. 0053
페르시온
샴고양이포켓몬
타입: 노말
키: 1.0m 몸무게: 32.0kg

털의 결이 아름다워 애완용으로 기르려는 사람이 많지만, 곧잘 할퀴려 들기 때문에 쉽지 않아요.

Quiz 80

이것은 몸집이 크고 두꺼운 털로 덮인 동물이에요. 주로 산이나 숲에 살며, 나무도 잘 타요. 잡식성이라 과일, 벌꿀, 물고기 등 다양한 음식을 먹어요. 몇몇 동물들은 추운 겨울이 되면 먹이를 구하기 어려워지기 때문에, 체온과 심장 박동 수를 낮추고 거의 움직이지 않는 겨울잠을 자는데 이것도 마찬가지예요.

① 돼지　② 곰　③ 뱀

No. 0217

링곰

동면포켓몬

타입 : 노말
키 : 1.8m   몸무게 : 125.8kg

다부진 표정을 하고 있지만, 좋아하는 꿀을 핥을 때는 기쁜 나머지 입가가 절로 느슨해져요.

80 · 정답

② 곰

곰은 겨울잠을 자는 대표적인 동물이에요. 하지만 곰의 겨울잠은 완전히 잠든 상태가 아니라 체온이 약간만 낮아지고, 필요할 때는 깨어날 수도 있는 특별한 잠이에요. 곰은 겨울잠을 자는 동안 음식을 먹지 않고, 물도 마시지 않아요. 소변, 대변도 보지 않지요. 겨울이 되기 전 몸속에 저장해 두었던 지방을 분해해 에너지를 얻는 거예요.

흥미진진 정보 록록

거북이도 겨울잠을 자는 동물 중 하나예요. 거북이는 체온이 주변 온도에 따라 변하는 '변온 동물'이라서 날씨가 추워지면 몸도 차가워지고 활동이 어려워져 겨울잠에 들어요.

No. 0008
어니부기
거북포켓몬
타입 : 물
키 : 1.0m 몸무게 : 22.5kg

종종 물속에 숨어서 먹잇감을 노려요. 고속으로 헤엄칠 때는 귀로 균형을 잡아요.

Quiz 81

물속에서 자유롭게 헤엄치는 이것은 몸에 아주 작고 단단한 비늘이 겹겹이 덮여 있어요. 이 비늘 덕분에 몸을 보호하고 물의 저항을 줄여 빠르게 움직일 수 있는 거예요. 아가미로 숨을 쉬며, 지느러미를 이용해 방향을 바꾸고, 부레를 이용해 물속에서 위로 떠오르거나 아래로 가라앉는 것을 조절해요.

① 물고기　② 고래　③ 악어

No. 0129

잉어킹
물고기포켓몬

타입:물
키:0.9m　몸무게:10.0kg

힘없는 한심한 포켓몬이에요. 가끔 높이 뛰어오르지만 2m를 겨우 넘기는 게 고작이에요.

81 · 정답

① 물고기

물고기는 물에서 산소를 얻기 위해 아가미를 사용해요. 물을 입으로 빨아들인 뒤, 아가미를 통해 산소를 흡수하고 이산화탄소를 내보내지요. 몸은 작은 비늘로 덮여 있고, 비늘 위에는 미끄러운 점액이 있어 몸을 보호하고 세균의 침입을 막아요. 몸 양옆에 난 옆줄이라는 감각 기관으로 물살이나 수압을 느껴 주변의 움직임을 감지해요.

흥미진진 정보 톡톡

파충류도 비늘을 갖고 있어요. 악어의 경우 단단한 뼈가 섞인 독특한 비늘을 가지고 있어 피부가 갑옷처럼 튼튼해요. 그래서 다른 동물과 싸울 때 몸을 잘 보호할 수 있어요.

No. 0551
깜눈크
사막악어포켓몬
타입: 땅, 악
키: 0.7m 몸무게: 15.2kg

모래 속에 숨어서 헤엄치는 것처럼 이동해요. 적에게 들키지 않으면서 체온이 내려가지 않기 위한 지혜예요.

Quiz 82

이것은 개구리의 어린 시절로, 양서류의 한 종류예요. 양서류란 물과 육지, 두 곳에서 살아갈 수 있는 동물을 뜻해요. 알에서 깨어난 뒤에는 물속에서 꼬리를 이용해 헤엄치며 살아요. 그러다 점점 다리가 생기면서 꼬리는 퇴화하고, 완전히 다 자라면 비로소 개구리가 되지요.

① 꼬챙이 ② 잔챙이 ③ 올챙이

No. 0060
발챙이
올챙이포켓몬
타입: 물
키: 0.6m 몸무게: 12.4kg

배의 소용돌이는 피부 너머로 비쳐 보이는 내장의 일부예요. 먹이를 먹으면 선명하게 보여요.

82 · 정답

③ 올챙이

알에서 갓 깨어난 올챙이는 아가미로 숨을 쉬고 꼬리를 이용해 헤엄을 쳐요. 시간이 지나면서 뒷다리가 먼저 생기고, 그 다음 앞다리가 생겨요. 그러면서 꼬리는 점점 짧아지고, 아가미로 하던 호흡을 폐로 할 수 있게 되지요. 이 변태 과정은 물의 온도나 환경에 따라 속도가 달라져요. 올챙이는 풀 같은 식물을 먹지만 개구리가 되면 곤충이나 작은 동물을 주로 먹어요.

흥미진진 정보 톡톡

두꺼비도 개구리처럼 물과 육지를 오가는 양서류예요. 개구리보다 두껍고 울퉁불퉁한 피부에서는 자기를 방어하기 위한 독성 물질이 뿜어져 나와요.

No. 0536

두까비
진동포켓몬
타입: 물, 땅
키: 0.8m 몸무게: 17.0kg

두통을 일으킬 정도의 음파로 먹이를 충분히 약하게 만든 뒤 끈적끈적한 혀로 포박해요.

Quiz 83

이것은 철새의 한 종류로, 봄이 되면 따뜻한 남쪽 나라에서 우리나라로 날아와요. 주로 사람이 사는 집 근처에 둥지를 틀고 알을 낳아 새끼를 키우지요. 그러다 가을, 겨울이 되면 다시 따뜻한 나라로 떠나요. 길고 뾰족한 날개와 가위 모양의 꽁지깃 덕분에 하늘을 빠르게 날며 방향도 마음대로 바꿀 수 있어요.

① 제비　　② 비둘기　　③ 펭귄

No. 0277

스왈로
제비포켓몬

타입: 노말, 비행
키: 0.7m　몸무게: 19.8kg

상공을 선회하면서 먹이를 찾으면 거꾸로 급강하하여 낚아 채요.

83 · 정답

① 제비

제비 같은 철새들이 계절에 따라 먼 거리를 이동하는 이유는 날씨가 추워지면 먹이가 줄어들고 체온을 유지하는 것도 어려워지기 때문이에요. 철새들은 나침반이나 지도가 없지만, 태양의 위치, 지구의 자기장 같은 단서를 이용해 수천 킬로미터 떨어진 곳도 정확하게 기억하고 찾아가요. 우리나라에서 볼 수 있는 철새로는 제비 외에도 기러기, 두루미 등이 있어요.

흥미진진 정보 톡톡

철새와 달리 일년 내내 같은 지역에 머무르는 새들도 있어요. 이런 새들은 '텃새'라고 불러요. 참새, 까마귀, 비둘기 등이 대표적인 텃새예요.

No. 0520
유토브
들비둘기포켓몬
타입: 노말, 비행
키: 0.6m 몸무게: 15.0kg

하늘을 나는 속도는 그저 그래요. 아무리 멀리 떨어져 있어도 주인과 자신의 둥지를 기억하고 있어요.

Quiz 84

이것은 위험한 상황이 닥치면 항문 근처에 있는 분비샘에서 지독한 냄새가 나는 황금색 액체를 뿌려 적이 다가오지 못하게 만들어요. 이 액체는 냄새가 너무 강해서 몇 시간에서 며칠 동안이나 사라지지 않는다고 해요. 액체를 뿌리기 전에는 꼬리를 세우거나 발을 구르는 등 경고를 하기도 해요.

① 디스크　② 스컹크　③ 토마호크

No. 0434

스컹뿡

스컹크포켓몬

타입: 독, 악
키: 0.4m 몸무게: 19.2kg

엉덩이에서 뿜어지는 역한 분비액의 냄새는 반경 2km까지 멀리 퍼져 주변의 포켓몬이 자리를 뜨게 해요.

84 · 정답

② 스컹크

스컹크는 주로 북아메리카에 사는 포유류로, 몸길이는 40~70cm 정도예요. 스컹크가 위급한 상황에서 뿌리는 액체는 썩은 달걀 냄새나 타이어 타는 냄새처럼 매우 고약한 냄새가 나요. 스컹크는 이 액체를 적의 얼굴을 정확히 조준하여 3~4m까지 뿌릴 수 있어요. 이 액체가 다른 동물의 눈에 들어가면 눈이 따갑고 순간적으로 앞이 보이지 않는다고 해요.

흥미진진 정보 톡톡

해삼은 위협을 받으면 자기 내장을 바깥으로 내뿜어서 적을 놀라게 해요. 일부 해삼은 끈적한 물질과 독소를 내보내기도 하지요.

No. 0771
해무기
해삼포켓몬
타입:물
키:0.3m 몸무게:1.2kg

따뜻하고 얕은 여울에 살아요. 상대와 마주치면 체내 기관을 입으로 뿜어서 때려눕혀요.

Quiz 85

이것은 다리는 없지만 몸 전체를 유연하게 움직여 빠르게 기어다닐 수 있어요. 겉은 단단한 비늘로 덮여 있고, 허물을 벗으며 성장하지요. 위험한 상황에서는 몸을 부풀려 적을 놀라게 하기도 하고, 똬리처럼 몸을 말아 머리를 숨기기도 해요. 독이 있는 것도 있고 없는 것도 있어요.

① 범   ② 도마뱀   ③ 뱀

No. 0024
아보크
코브라포켓몬
타입:독
키:3.5m 몸무게:65.0kg

배의 무늬가 무서운 얼굴로 보여요. 약한 적은 그 무늬만 보고도 도망치고 말아요.

85 · 정답

③ 뱀

뱀은 파충류의 한 종류로, 다리가 없고 길쭉한 몸을 가진 동물이에요. 눈꺼풀이 없어서 눈을 깜빡이지 않고, 귀가 겉으로 드러나지 않아 소리 대신 땅의 진동을 느껴 주변을 알아차려요. 두 갈래로 갈라진 혀를 날름거리며 공기 중의 냄새를 맡아 먹이를 찾아내는데, 이때 입천장 안에 위치한 '야콥슨 기관'이라는 특별한 감각 기관을 이용해요.

흥미진진 정보 톡톡

뱀과 전갈은 둘 다 독을 이용해 먹이를 사냥하거나 자신을 보호하는 전략을 써요. 두 동물의 독은 신경계*나 혈액에 작용해 먹이를 마비시키거나 위협하는 역할을 해요.

No. 0451
스콜피
전갈포켓몬
타입: 독, 벌레
키: 0.8m 몸무게: 12.0kg

꼬리의 발톱으로 먹이를 집어 독을 주입해요. 독이 퍼질 때까지 절대 놓치지 않는 집념이 있어요.

*신경계: 외부의 자극을 몸의 다른 곳으로 전달하는 신경 다발을 통틀어 이루는 말로, 몸 전체에 퍼져 있다.

Quiz 86

이것은 포유류지만 새처럼 날개를 가지고 있어 하늘을 날 수 있어요. 팔과 손가락이 길게 자라 있고, 그 사이에 얇은 피부막이 붙어 날개처럼 펼쳐지지요. 대부분 밤에 활동하는 야행성 동물로, 어두운 곳에서도 초음파를 내어 그 소리가 돌아오는 것을 듣고 먹이를 잡는 능력이 있어요.

① 박쥐　② 다람쥐　③ 생쥐

No. 0042

골뱃

박쥐포켓몬

타입: 독, 비행
키: 1.6m　몸무게: 55.0kg

사람이나 포켓몬의 혈액을 매우 좋아해요. 목덜미의 혈관을 노리며 밤하늘을 날아다녀요.

86 · 정답

① 박쥐

박쥐는 초음파를 입에서 내보내고 그 소리가 물체에 부딪혀서 다시 돌아오면, 그것으로 물체까지의 거리와 위치를 알아내요. 이것을 '반향 정위*'라고 해요. 종류에 따라, 곤충이나 과일, 작은 동물 등 다양한 먹이를 먹어요. 어떤 박쥐는 꽃의 꿀과 꽃가루를 먹으며 식물의 꽃가루를 퍼뜨려 주기도 하지요. 남아메리카에 사는 흡혈박쥐는 동물의 피를 먹어요.

흥미진진 정보 톡톡

돌고래는 박쥐처럼 반향 정위를 능숙하게 사용하는 동물이에요. 물속에서 초음파를 내보내 장애물, 물고기, 바닥의 위치 등을 알아내요.

No. 0963

맨돌핀
돌고래포켓몬
타입: 물
키: 1.3m 몸무게: 60.2kg

꼬리지느러미에 있는 물의 고리를 가지고 동료와 노는 것을 좋아해요. 초음파로 생명체의 기분을 감지해요.

*반향 정위: 동물이 소리나 초음파를 내어서 그 돌아오는 메아리 소리에 의하여 상대와 자기의 위치를 확인하는 방법.

Quiz 87

이것은 바닷속에 사는 연체동물이에요. 다리가 8개고, 작은 틈도 쉽게 통과할 수 있을 정도로 유연한 몸을 가졌어요. 위협을 느끼면 먹물을 내뿜으며 달아나요. 지능이 높아서 학습 능력이 매우 뛰어나고, 간단한 퍼즐이나 미로를 풀 수도 있다고 해요.

① 오징어　　② 조개　　③ 문어

No. 0224
대포무노
분사포켓몬
타입: 물
키: 0.9m 몸무게: 28.5kg

해저의 바위 그늘이나 구멍을 거처로 해서 살아요. 빨판으로 먹이에 달라붙어 놓치지 않아요.

87 · 정답

③ 문어

문어는 지능이 높은 바다 생물로, 몸에 약 5억 개의 뉴런이 있어요. 놀라운 점은 그중 약 3분의 2가 다리에 몰려 있다는 거예요. 그래서 문어의 다리는 뇌의 지시 없이도 스스로 움직일 수 있어요. 또한 문어는 피부색과 질감을 주변 환경에 맞추어 빠르게 바꿔 몸을 숨길 수도 있어요. 이러한 위장 능력은 피부에 있는 색소 세포 덕분이에요.

흥미진진 정보 톡톡

지구에 사는 생물 중 약 95% 이상이 문어 같은 무척추동물이에요. 등뼈가 없는 이 무리에는 문어, 성게, 말미잘 같은 바다 생물 뿐 아니라 곤충도 포함되어요.

No. 0871
찌르성게
성게포켓몬
타입:전기
키:0.3m 몸무게:1.0kg

먹이를 소화시킬 때 전기를 만들어 내요. 5개의 단단한 이빨로 해초를 갉아 먹어요.

Quiz 88

이것은 올빼미와 닮았지만 귀처럼 보이는 깃털, 즉 '귀깃'이 머리 위에 있다는 점이 달라요. 커다란 눈으로 어두운 곳에서도 잘 볼 수 있고, 목을 거의 한 바퀴 돌릴 수 있을 만큼 유연하지요. 귀는 좌우 높이가 조금 달라서 소리가 들리는 방향과 거리를 더 정확히 판단할 수 있어요.

① 황조롱이　　② 부엉이　　③ 딱따구리

No. 0164
야부엉
부엉이포켓몬
타입: 노말, 비행
키: 1.6m　몸무게: 40.8kg

양쪽 눈이 특수한 구조예요. 적은 양의 빛이라도 잘 모아 어둠 속에서도 주위를 분별해요.

88 · 정답

② 부엉이

부엉이는 대표적인 야행성 동물이에요. 낮에는 나무나 바위 틈에 숨어 쉬다가, 해가 지면 사냥을 시작하지요. 부엉이의 눈은 어두운 밤에도 빛을 잘 받아들일 수 있어서 달빛이나 별빛만으로도 주위를 잘 볼 수 있어요. 날개 앞쪽 깃털 끝은 빗살처럼 생겨서 날 때 소리가 거의 나지 않아 먹잇감에 조용히 접근할 수 있지요. 쥐, 작은 새, 곤충 등을 잡아먹어요.

흥미진진 정보 톡톡

또 다른 야행성 동물인 너구리는 코와 귀가 아주 발달해 어두운 밤에도 냄새와 소리만으로 먹이를 찾아요. 발바닥에는 쿠션 같은 것이 있어 조용히 걸을 수 있어요.

No. 0263
지그제구리
앙증너구리포켓몬
타입: 노말
키: 0.4m 몸무게: 17.5kg

지그재그로 걸어서 풀숲이나 땅에 묻혀 있는 보물을 찾아내는 것이 특기인 포켓몬이에요.

Quiz 89

이것은 날카로운 이빨을 가진 물고기예요. 이빨이 빠지면 곧바로 새 이빨이 나기 때문에 평생 동안 수천 개의 이빨을 갈아 끼운다고 해요. 미끄러운 피부와 날렵한 지느러미 덕분에 빠르게 헤엄칠 수 있고, 예민한 후각과 강력한 턱을 가지고 있어 바다의 최상위 포식자*로 알려져 있어요.

① 상어　　② 붕어　　③ 고등어

No. 0319
샤크니아
난폭포켓몬
타입: 물, 악
키: 1.8m　몸무게: 88.8kg

철판도 물어뜯는 이빨을 가졌으며 헤엄치는 속도는 시속 120km예요. 별명은 바다의 건달이에요.

*최상위 포식자: 먹이 사슬의 꼭대기 층에 있는 동물.

89 · 정답

① 상어

상어는 '방패 비늘'이라고 하는 비늘로 몸이 덮여 있어요. 미끄러워 보이지만 확대해 보면 뾰족한 돌기들이 있다는 것을 알 수 있지요. 이 돌기가 물속에서 마찰을 줄여 줘서 빠르게 헤엄칠 수 있는 거라고 해요. 머리 앞 부분에는 '로렌치니 기관'이라는 감각 기관이 있어서 미세한 전기 신호를 감지할 수 있어요. 덕분에 멀리 떨어진 먹잇감도 잘 찾아내지요.

흥미진진 정보 톡톡

육지의 최상위 포식자로는 사자, 호랑이 등을 꼽을 수 있어요. 최상위 포식자가 사라지게 되면 먹이 사슬에 불균형이 생겨 생태계가 무너질 수 있어요.

No. 0668
화염레오(수컷의 모습)
임금포켓몬
타입: 불꽃, 노말
키: 1.5m 몸무게: 81.5kg

수컷의 갈기는 싸움이 시작되면 섭씨 2000도의 고온을 내서, 접근하기만 해도 크게 화상을 입는다고 해요.

이름을 완성해 줘!

단어를 연결하여 포켓몬의 이름을 완성해 주세요.

깜　　페르　　샤크　　대포

니아　　무노　　눈크　　시온

물타입 포켓몬은 모두 몇 마리일까요?

아래에서 물타입 포켓몬을 찾아 ○ 한 뒤, 모두 몇 마리인지 수를 적어 보세요.

 물타입 포켓몬은 모두 ◯ 마리!

6장
신기한 식물의 세계

신기한 식물의 세계

#나무 #풀 #식물

#꽃 #씨앗 #과일

푸르른 자연과 생명을 책임지는 식물들의 특징을 알아봐요!

Quiz 90

나무 밑이나 돌 옆에서 자라는 **이것**은 식물로 착각하기 쉽지만 식물이 아니에요. 그래서 광합성을 하지 않고, 대신 죽은 동물이나 식물 또는 다른 생물의 몸에서 영양분을 흡수하며 살아가지요. 어떤 것은 먹을 수 있고 요리 재료로도 인기가 많지만, 독이 있는 것도 있어서 조심해야 해요.

① 이끼   ② 버섯   ③ 여섯

No. 0590

깜놀버슬
버섯포켓몬

타입: 풀, 독
키: 0.2m 몸무게: 1.0kg

몬스터볼의 개발자가 깜놀버슬을 좋아했다는 설이 있지만, 진위는 불명해요.

90 · 정답

② 버섯

버섯은 식물이 아니라 '균류'라고 하는 분류에 속하는 생물이에요. 또 균류에 속하는 생물로는 곰팡이나 효모 등이 있어요. 버섯은 낙엽, 죽은 생물의 몸 등에서 영양분을 얻는데 이때 죽은 생물의 몸을 아주 작은 조각으로 분해해요. 그 조각들은 썩으면서 흙을 더욱 기름지게 만들지요. 버섯처럼 죽은 생물을 분해하는 생물을 '분해자'라고 불러요.

흥미진진 정보 톡톡

나무나 곤충 등에 기생*하여 살아가는 버섯도 있어요. 대표적으로 곤충이나 번데기에 기생하는 동충하초, 소나무에 기생하는 송이버섯 등이 있어요.

No. 0793

텅비드
기생포켓몬
타입: 바위, 독
키: 1.2m 몸무게: 55.5kg

수수께끼에 싸인 울트라비스트의 일종이에요. 길을 가던 사람이 기생 당해 난폭해지는 모습이 목격되었어요.

*기생: 숙주에게 붙어 영양분을 얻으며 살아가는 것.

Quiz 91

식물의 열매를 잘라 보면 안쪽에 아주 작고 단단한 알맹이인 이것이 들어 있어요. 이것을 흙에 심은 뒤 물과 햇빛, 적당한 온도를 주면 싹을 틔우고 '발아'를 하지요. 안에는 식물이 자랄 수 있도록 도와주는 영양분이 들어 있어요. 새로운 식물이 자라나는 출발점이 되는 이것은 무엇일까요?

① 뿌리   ② 잎   ③ 씨앗

No. 0191
해너츠
씨앗포켓몬
타입:풀
키:0.3m 몸무게:1.8kg

어느 날 아침 갑자기 떨어져요. 약한 것을 알고 있어 진화까지 한결같이 영양을 모아요.

91 · 정답

③ 씨앗

식물이 꽃을 피우고 수분*이 되면 열매가 맺히고, 그 안에 씨앗이 생겨요. 씨앗은 배, 배젖, 씨껍질로 구성돼요. 배는 뿌리, 줄기, 잎으로 자라날 아기 식물이고, 배젖은 배가 자랄 영양분을 공급하는 부분이에요. 씨껍질은 배와 배젖을 감싸 보호하는 역할을 하지요. 씨앗은 보통 작고 단단해서 바람, 동물, 물 등에 실려 멀리 퍼져 나갈 수 있어요.

흥미진진 정보 록톡

다람쥐는 겨울을 나기 위해 씨앗을 땅에 묻어 두는 습성이 있어요. 하지만 가끔 씨앗을 묻은 자리를 잊어버려 시간이 흐른 뒤, 그 씨앗이 땅속에서 싹을 틔우기도 해요.

No. 0417
파치리스
전기다람쥐포켓몬
타입: 전기
키: 0.4m 몸무게: 3.9kg

볼에 전기 주머니를 가진 포켓몬의 일종이에요. 꼬리에 모인 전기를 방출해요.

*수분: 식물의 생식 기관인, 꽃의 수술에서 만들어진 꽃가루가 암술에 묻는 것.

Quiz 92

이것은 보통 초록색을 띠고, 나뭇가지에 여러 개 붙어 있어요. 가을이 되면 색이 붉거나 누렇게 변하고 결국 떨어지기도 해요. 식물은 주로 **이것**에서 광합성을 하여 필요한 영양분을 만들어 내요. 식물이 성장하고 살아가기 위해 꼭 필요한 부분으로, 식물마다 크기, 모양, 색깔이 달라요.

① 꽃　　② 잎　　③ 뿌리

No. 0152
치코리타
잎사귀포켓몬
타입: 풀
키: 0.9m　몸무게: 6.4kg

햇볕을 쬐는 것을 매우 좋아해요. 머리의 잎사귀를 사용해서 따뜻한 장소를 찾아내요.

92·정답

② 잎

잎은 식물에게 아주 중요한 기관이에요. 잎의 뒷면에는 '기공'이라는 아주 작은 구멍들이 있는데 이 구멍을 통해 식물은 산소와 이산화탄소를 주고받을 수 있어요. 또한 잎의 기공에서는 물이 수증기처럼 빠져나가요. 이것을 '증산 작용'이라고 해요. 증산 작용 덕분에 뿌리에서 올라온 물이 식물 전체로 잘 퍼질 수 있고, 식물이 온도를 조절할 수 있어요.

흥미진진 정보 톡톡

덩굴손은 오이, 나팔꽃 같은 덩굴 식물이 다른 식물이나 물체에 붙어서 자라날 때 사용하는 기관이에요. 가지나 잎이 실처럼 변한 것으로 다른 물체를 감아 줄기를 지탱하지요.

No. 0114
덩쿠리
넝쿨포켓몬
타입:풀
키:1.0m 몸무게:35.0kg

파란 덩굴로 덮여 있어요. 덩굴에 숨겨져 있는 얼굴을 본 사람은 아직 없어요.

Quiz 93

식물이 햇빛을 이용해 스스로 영양분을 만드는 과정을 이것이라고 해요. 식물의 잎에 있는 초록색 물질인 엽록소가 햇빛을 받아 공기 중의 이산화탄소와 뿌리에서 올라온 물을 이용해 포도당을 만드는 것이지요. 이 과정에서 우리에게 필요한 산소도 함께 만들어져 공기 중으로 나가요.

① 광합성   ② 감수성   ③ 생산성

No. 0470
리피아
심록포켓몬
타입:풀
키:1.0m 몸무게:25.5kg

맑은 날에 잠든 리피아는 광합성을 해서 깨끗한 공기를 만들어 내요.

93 · 정답

① 광합성

광합성을 통해 만들어진 포도당은 식물의 잎, 줄기, 뿌리를 만드는 데 쓰여요. 남은 포도당은 뿌리나 줄기에 저장되기도 하지요. 광합성이 일어나는 동안 산소도 나오게 되는데 지구 대기 중에 있는 산소의 약 21%는 식물이 광합성을 하면서 만들어진 거예요. 그래서 광합성은 식물의 생존뿐만 아니라, 사람과 동물의 생명 유지에도 큰 영향을 끼쳐요.

흥미진진 정보 톡톡

가을이 되면 식물은 추운 겨울을 준비하며 잎의 엽록소를 점점 없애요. 잎의 엽록소가 줄어들면 그 동안 가려져 있던 빨간색이나 노란색 색소가 드러나게 돼요.

No. 0586

바라철록(가을의 모습)
계절포켓몬
타입: 노말, 풀
키: 1.9m 몸무게: 92.5kg

가을의 모습인 바라철록은 매우 성질이 난폭한 것으로 알려져 있어요. 수컷끼리는 싸움이 끊이지 않아요.

Quiz 94

대체로 예쁜 겉모습을 가져서 사람들에게 인기가 많은 이것은 식물이 씨앗을 만들 수 있게 도와주는 중요한 역할을 해요. 식물의 생식 기관으로, 씨앗이 생기기 위한 준비를 하는 곳이지요. 향기를 내거나 밝은 색을 띠어 벌이나 나비 같은 곤충을 끌어들이기도 해요.

① 꽃　　② 독　　③ 뿔

No. 0045
라플레시아
꽃포켓몬

타입: 풀, 독
키: 1.2m　몸무게: 18.6kg

펑 하는 소리와 함께 꽃봉오리가 열리면 알레르기를 일으키는 독 꽃가루가 흩뿌려져요.

94 · 정답

① 꽃

꽃은 식물이 씨앗을 만들기 위한 번식 기관이에요. 대부분 꽃잎, 수술, 암술, 꽃받침으로 이루어져 있어요. 꽃받침은 꽃이 활짝 피기 전, 꽃봉오리 상태에 있는 꽃을 감싸서 보호하는 역할을 해요. 꽃이 피어난 뒤 수술에서 만들어진 꽃가루가 곤충이나 바람을 타고 암술로 옮겨지면 씨방* 안에 있던 밑씨가 자라서 씨앗이 되지요.

흥미진진 정보 톡톡

결혼식을 할 때 신부는 '부케'라는 작은 꽃다발을 들고 있어요. 부케는 장미나 백합 등 꽃말이나 디자인이 예쁜 꽃으로 주로 만들어요.

No. 0407

로즈레이드
부케포켓몬
타입: 풀, 독
키: 0.9m 몸무게: 14.5kg

달콤한 향기로 유인하여 양팔의 꽃다발 속에 있는 가시의 채찍으로 꼼짝 못 하게 해요.

*씨방: 속씨식물의 암술대 밑에 붙은 통통한 주머니 모양의 부분.

Quiz 95

식물은 이것을 이용해서 성장에 필요한 물과 영양분을 땅속에서 흡수해요. 또한 이것은 식물을 땅에 단단히 고정시켜 바람이나 비에도 쓰러지지 않게 도와주는 역할도 하지요. 식물의 종류에 따라 생김새나 역할이 다양해요. 우리가 먹는 당근, 고구마 등은 사실 그 식물의 이것이에요.

① 꽃가루 ② 거름 ③ 뿌리

No. 0548
치릴리
뿌리포켓몬
타입:풀
키:0.5m 몸무게:6.6kg

빠져도 바로 자라나는 머리의 잎사귀는 아주 쓰지만 갉아 먹으면 바로 기운이 나요.

95 · 정답

③ 뿌리

뿌리는 신기하게도 지구의 중력을 느끼고 그 방향으로 자라는 성질이 있어 늘 아래로 자라요. 그래서 땅속에 있어서 눈에 잘 띄지 않지요. 식물 중에는 뿌리에 영양분을 저장해 두는 것도 있는데 대표적으로 당근, 고구마, 인삼 등이 있어요. 뿌리에는 '뿌리털'이라는 것이 나 있는데 이 털은 물과 영양분을 흡수하는 면적을 증가시키는 역할을 해요.

흥미진진 정보 톡톡

파는 아래쪽에 하얗게 뻗은 수염 같은 부분이 뿌리예요. 그래서 하얗게 센 머리털을 '파뿌리'라고 비유적으로 말하기도 해요.

No. 0083

파오리
청둥오리포켓몬
타입: 노말, 비행
키: 0.8m 몸무게: 15.0kg

파 줄기가 없으면 살 수 없어요. 그래서 파 줄기를 노리는 상대와는 목숨을 걸고 싸워요.

Quiz 96

이것은 곤충을 잡아먹는 식물이에요. 흙의 영양분이 적은 습지나 늪지대에서 주로 볼 수 있지요. 잎이 마치 입처럼 생겼고, 그 안쪽에 아주 작은 감각 털이 있어요. 벌레가 이 감각 털을 건드리면 잎이 빠르게 닫히고, 잎에서 나오는 소화액으로 벌레를 천천히 녹여 영양분을 흡수하지요.

① 파리지옥　② 라벤더　③ 가시풀

No. 0455

무스틈니
벌레잡이포켓몬
타입: 풀
키: 1.4m 몸무게: 27.0kg

달콤한 냄새의 타액으로 먹이를 유인하여 큰 턱으로 꿀꺽해요. 하루에 걸쳐 먹이를 먹어요.

96 · 정답

① 파리지옥

파리지옥은 벌레를 잡아먹는 식물 중 하나예요. 이런 식물을 '식충 식물' 또는 '벌레잡이 식물'이라고 해요. 끈끈이주걱, 벌레잡이통풀 등도 식충 식물이지요. 파리지옥은 영양분이 부족한 땅에서 살기 때문에 곤충을 잡아먹어서 질소 같은 영양분을 보충해요. 잎 안쪽에 감각 털이 3개씩 있는데, 벌레가 이 털을 빠르게 2번 건드리면 잎이 확 닫혀요.

흥미진진 정보 톡톡

파리지옥을 영어로 Venus Flytrap(비너스 플라이트랩)이라고 해요. 잎의 생김새가 속눈썹 같아서 미의 여신 '비너스'의 속눈썹이라는 별명이 있었거든요. 플라이는 파리, 트랩은 함정이라는 뜻이에요.

No. 0918
트래피더
트랩포켓몬
타입: 벌레
키: 1.0m 몸무게: 16.5kg

튼튼하고 끈끈한 실을 영역 안에 둘러쳐서 침입자를 함정에 빠트려요.

Quiz 97

바닷속에는 마치 식물처럼 보이는 알록달록한 **이것**이 있어요. 하지만 **이것**은 플랑크톤 같은 먹이를 잡아먹으며 사는 아주 작은 동물들이 무리를 이룬 거예요. **이것**은 몸 밖으로 단단한 석회질 껍질을 만들어 내는데, 이 껍질이 쌓여서 바다 밑에 커다란 암초를 만들어요.

① 말미잘   ② 산호   ③ 석화

No. 0222
코산호
산호포켓몬
타입: 물, 바위
키: 0.6m 몸무게: 5.0kg

남쪽의 깨끗한 바다에는 많은 코산호가 있어요. 더러워진 바다에서는 살 수 없어요.

97 · 정답

② 산호

산호는 '산호충'이라는 동물들이 모여 사는 집단이에요. 산호충은 말랑말랑한 몸에 촉수가 있는 아주 작은 동물이지요. 산호충은 바위나 바닥에 붙어 한자리에 가만히 있어요. 몸 밖으로 석회질 껍질을 만들어 내는데, 이 껍질이 계속 쌓여 '산호초'라고 부르는 암초를 만들어요. 산호초는 물고기나 다른 바다 생물들이 사는 집이 돼요.

흥미진진 정보 톡톡

정어리 같은 작은 물고기들도 스스로를 보호하기 위해 떼를 지어 움직이기도 해요. 마치 큰 물고기처럼 보이게 만들어 천적들을 혼란스럽게 하는 거예요.

No. 0746

약어리(군집의 모습)
잔물고기포켓몬
타입: 물
키: 8.2m 몸무게: 78.6kg

1마리는 아주 약하지만 다 같이 힘을 합치면 바다의 마물이라 불리는 존재가 돼요.

Quiz 98

이것은 햇볕이 강하고 비가 거의 오지 않는 사막에서도 꿋꿋하게 살아가는 식물이에요. 잎이 뾰족한 가시처럼 변해 물이 쉽게 증발하지 않고, 줄기에 물을 저장해 두고 있어요. 그래서 물이 부족한 사막에서도 오래 버틸 수 있지요.

① 야자수 ② 가시나무 ③ 선인장

No. 0331

선인왕
선인장포켓몬

타입:풀 키:0.4m 몸무게:51.3kg

사막 같은 혹독한 환경을 좋아해요. 몸속에 축적된 물로 30일간 살 수 있어요.

98 · 정답

③ 선인장

선인장의 가시 같은 잎은 동물들이 함부로 선인장을 먹지 못하게 보호하는 역할도 해요. 사막에는 물이 매우 귀하기 때문에 선인장 안에 저장된 물을 먹으려는 동물들이 많거든요. 선인장은 잎 대신 줄기에서 광합성을 해요. 줄기가 초록색인 것도 광합성을 하기 때문이지요. 뿌리는 옆으로 넓게 퍼져 있어서 비가 조금만 와도 그 물을 빠르게 흡수할 수 있어요.

흥미진진 정보 톡톡

방울뱀은 사막처럼 덥고 건조한 환경에 잘 적응하여 살아가는 생물 중 하나예요. 낮에는 더위를 피해 굴이나 바위에 숨어 있다가 밤이 되면 먹이를 찾아다녀요.

No. 0023
아보
뱀포켓몬
타입:독
키:2.0m 몸무게:6.9kg

자유롭게 턱을 뺄 수 있어서 큰 먹이도 삼킬 수 있지만 무거워져서 움직일 수 없게 돼요.

Quiz 99

이것은 땅에 깊게 뿌리를 내리고 있어 바람이 세게 불어도 잘 넘어지지 않아요. 높이 자라는 것들은 아파트만큼 큰 것도 있고, 잎이 무성해서 여름에는 시원한 그늘을 만들어 주지요. 줄기는 시간이 지날수록 굵어지고 안쪽에는 나이테가 생겨 나이를 알 수 있어요. 이것은 무엇일까요?

① 나무　　② 고무　　③ 잔디

No. 0709
대로트
고목포켓몬
타입: 고스트, 풀
키: 1.5m 몸무게: 71.0kg

뿌리를 통해 나무들과 연결되어 숲속 구석구석을 감시해요. 수상한 자는 저주로 물리쳐요.

99 · 정답

① 나무

나무는 땅에 뿌리를 내리고 사는, 줄기가 단단하고 목질*로 된 식물을 말해요. 사람보다 키가 작은 것부터 100미터를 훌쩍 넘는 것까지 크기가 다양하지요. 단단한 줄기 안쪽에는 나이테라고 하는 둥근 테가 1년에 한 줄씩 생겨서 나이를 알 수 있어요. 숲속에서는 새, 곤충, 다람쥐 등 다양한 동물들의 훌륭한 보금자리가 돼요.

흥미진진 정보 톡톡

딱따구리는 나무 속에 사는 벌레를 잡아먹거나, 알을 낳을 둥지를 만들기 위해 날카롭고 단단한 부리로 나무를 톡톡 쪼는 새예요.

No. 0731
콕코구리
딱따구리포켓몬
타입: 노말, 비행
키: 0.3m 몸무게: 1.2kg

아무리 튼튼한 나무라도 초당 16연타의 부리 공격으로 구멍을 뚫어 버려요.

*목질: 나무와 같이 단단한 성질.

Quiz 100

꽃이 진 자리에 씨앗이 생기면, 그 씨앗 주위를 감싸서 이것이 자라나요. 씨앗을 덮어 잘 자라게 도와주고, 바깥으로 떨어져도 씨앗이 상하지 않게 해주지요. 동물이나 사람이 먹기도 하고, 색깔이나 모양이 매우 다양해요. 어떤 것은 딱딱한 껍질 속에 들어 있어요.

① 새싹　　② 열매　　③ 이파리

No. 0761

달콤아

후르츠포켓몬

타입: 풀
키: 0.3m　몸무게: 3.2kg

과일을 졸인 것만 같은 달콤한 땀을 흘리기 때문에, 달콤한 음식이 적었던 옛날에는 매우 귀하게 여겨졌어요.

100 · 정답

② 열매

우리가 먹는 달콤한 과일뿐만 아니라 고추, 호박 등도 열매예요. 씨앗을 퍼트리고 보호하는 역할을 하는 열매는 식물마다 아주 다양한 모습을 가지고 있어요. 복숭아처럼 하나의 씨앗만 담고 있는 열매도 있고, 수박이나 참외처럼 여러 개의 씨앗이 들어 있는 열매도 있어요. 딸기는 씨앗처럼 보이는 알갱이들이 사실 열매이고, 우리가 먹는 빨간 부분은 꽃받침이 자란 거예요.

흥미진진 정보 톡톡

도토리는 참나무에서 자라는 열매예요. 안에는 씨앗이 들어 있고, 겉은 단단한 껍질이 싸고 있어요. 우리나라에서는 도토리로 묵을 쑤어 먹어요.

No. 0273

도토링
도토리포켓몬
타입: 풀
키: 0.5m 몸무게: 4.0kg

나뭇가지에 매달려서 수분을 흡수하며 지내요. 어리고 큰 나무일수록 도토링이 줄지어 있어요.

빈칸 쏙쏙! 재미 통통!

포켓몬에 대한 설명이 올바르게 되도록 〈보기〉에서 맞는 단어를 찾아 빈칸을 채워 주세요.

보기
바다　과일　줄기　사막　채소　덩굴

파란 ____ 로 덮여 있어요.

덩쿠리

파 ____ 가 없으면 살 수 없어요.

파오리

____ 을 졸인 것만 같은 달콤한 땀을 흘려요.

달콤아

____ 같은 혹독한 환경을 좋아해요.

선인왕

▲45쪽

▲46쪽

▲77쪽

▲78쪽

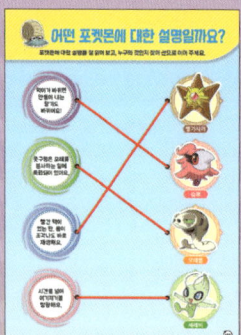
▲127쪽

▲128쪽

▲151쪽

▲152쪽

- 둘로 분열된 뇌를 가지고 있는 포켓몬은 듀란이에요.
- 먹고자의 타입은 노말이에요.
- 렌트라는 안광포켓몬이에요.
- 오물이 포켓몬이 된 것은 질퍽이예요.

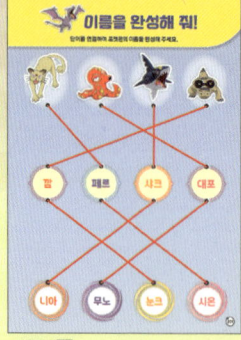
▲201쪽

▲202쪽

▲227쪽

찾아보기

ㄱ
- 가스 — 113
- 강우량 — 115
- 강자성체 — 16
- 개 — 179
- 개구리밥 — 176
- 개미 — 163
- 개미귀신 — 164
- 거미 — 177
- 거북이 — 182
- 건기 — 115
- 겨울잠 — 181
- 계절 — 115
- 곰 — 181
- 공 — 41
- 공기 — 29
- 공룡 — 155
- 공전 — 68, 116
- 광물 — 85
- 광석 — 81
- 광합성 — 209, 211
- 교류 — 60
- 구심력 — 67
- 귀뚜라미 — 72
- 규격 — 23
- 균류 — 205
- 그림자 — 11
- 근육 — 141
- 금속 — 19
- 기공 — 210
- 기보법 — 72
- 꽃 — 213
- 꿀벌 — 161

ㄴ
- 나무 — 223
- 나사 — 23
- 나침반 — 33
- 날개 — 165
- 냉매 — 35
- 냉장고 — 35
- 너구리 — 198
- 너트 — 23
- 뇌 — 137
- 뇌전 — 110
- 눈(자연 현상) — 91
- 눈(신체) — 139
- 눈꽃 — 92
- 뉴런 — 138, 196
- 뉴턴 — 43

ㄷ
- 달 — 12, 121
- 덩굴손 — 210
- 도토리 — 226
- 두꺼비 — 186
- 딱따구리 — 224

ㄹ
- 레이더 — 18
- 로렌치니 기관 — 200

ㅁ
- 마그누스 효과 — 42
- 마그마 — 97, 99
- 마모 — 20
- 마찰력 — 38
- 만유인력 — 43, 67
- 망막 — 139
- 맨틀 — 100
- 모래 — 105
- 몽골피에 형제 — 30
- 무지개 — 101
- 무척추동물 — 196
- 문어 — 195
- 물 — 89
- 물고기 — 183
- 미각 — 143
- 미뢰 — 143

ㅂ
- 바위 — 107
- 박쥐 — 193
- 반딧불이 — 10
- 반향 정위 — 194
- 발아 — 207

- 발화점 — 8
- 방울뱀 — 222
- 방전 — 14
- 배설 — 147
- 배터리 — 27
- 뱀 — 191
- 버섯 — 205
- 번개 — 13, 109
- 번데기 — 157, 159
- 베버 기관 — 168
- 벤저민 프랭클린 — 13
- 변성암 — 108
- 별 — 117
- 별똥별 — 119
- 별자리 — 118
- 보석 — 85
- 볼트 — 23
- 부낭 — 167
- 부엉이 — 197
- 부피 — 94
- 부화 — 172
- 북극 — 34
- 분자 — 40
- 분해자 — 205
- 분화구 — 98
- 불 — 51
- 블랙홀 — 125
- 비늘 — 183
- 비버 — 148

찾아보기

비자성체	16	
빙산	95	
빙설	94	
빛	11, 112	
뿌리	215	

ㅅ

사과	43
사구	106
산소	8, 90, 124
산호	219
상어	199
석탄	75
선인장	221
성충	157
세탁기	37
세포	131
소금	87
소금쟁이	175
소음	73
소화	145
수분	208
수소	90
수증기	91
스컹크	189
실샘	178
심해	50
씨방	214
씨앗	207

ㅇ

아가미	184
아인슈타인	126
악어	184
안테나	17
알	171
알코올 램프	9
암모나이트	84
암반	108
압력	22, 42, 54
애벌레	157
야콥슨 기관	192
야행성	150
양극	61
양서류	185
얼음	93
에탄올	9
연	13
연소	52
연체동물	169
열기구	29
열대	115
열매	225
염화나트륨	88
엽록소	211
옆줄	184
오로라	123
오리너구리	172
오존층	103
온대	115
온실가스	75
올챙이	185
완전 탈바꿈	158
용수철	31
용암	97
우기	115
우레	112
운석	120
원소	19
월식	12
위성	121
유성	120
유전자	133
유충	158
음극	61
음표	71
이산화탄소	75
일란성 쌍둥이	134
일반 상대성 이론	126
일식	12
입자	16
잎	209

ㅈ

자기 기억 장치	64
자기력	16
자기력선	64

자기장 ······ 34, 63, 124	진주 ······ 170	포도당 ······ 211
자력 ······ 65	질량 ······ 67	폭발 ······ 53
자석 ······ 15	질소 ······ 124	표면 장력 ······ 176
자성 ······ 16		풍선 ······ 39
자외선 ······ 103	**ㅊ**	풍화 ······ 105
자전 ······ 116	천둥 ······ 111	프레온 ······ 36
자침 ······ 33	철새 ······ 187	프리즘 ······ 102
잠 ······ 149	초 ······ 7	
잠자리 ······ 140	초롱아귀 ······ 50	**ㅎ**
전갈 ······ 192	초음파 ······ 193	해상 ······ 190
전구 ······ 10	최상위 포식자 ······ 199	해파리 ······ 138
전극 ······ 61	침식 ······ 105	핵융합 ······ 117
전기 ······ 13, 55		헬륨 ······ 30
전기 개구리 ······ 56	**ㅋ**	혀 ······ 143
전기뱀장어 ······ 60	칼 ······ 21	호박 ······ 58
전류 ······ 59		화산 ······ 97
전자 ······ 56	**ㅌ**	화산암 ······ 99
전파 ······ 17	탄성 ······ 31	화석 ······ 83
정전기 ······ 14, 40, 57	탈레스 ······ 58	화성암 ······ 99
제비 ······ 187	태양 ······ 49	회전력 ······ 38
조직 ······ 141	텃새 ······ 188	회전초 ······ 42
주기 ······ 122	톱니바퀴 ······ 25	
중력 ······ 38, 67	퇴적암 ······ 75, 108	**기타**
중추 신경계 ······ 138	티라노사우르스 ······ 156	DNA ······ 135
증산 작용 ······ 210		N극 & S극 ······ 15
지각 ······ 100, 108	**ㅍ**	
지렁이 ······ 173	파라핀 ······ 7	
직류 ······ 60	파리지옥 ······ 217	
진동 ······ 69	페로몬 ······ 164	

초판 1쇄 인쇄 2025년 5월 23일
초판 1쇄 발행 2025년 5월 30일

발행인 심정섭
편집인 안예남
편집팀장 이주희
편집 정성호
본문구성 노진선
제작 정승헌
브랜드마케팅 김지선
출판마케팅 홍성현, 김호현, 신재철
디자인 DesignPlus

인쇄처 에스엠그린
발행처 (주)서울문화사
등록일 1988년 2월 16일
등록번호 제2-484
주소 서울시 용산구 새창로 221-19
전화 02-799-9196(편집), 02-791-0752(출판마케팅)

ISBN 979-11-7371-029-2
ISBN 979-11-6923-319-4(세트)

©Nintendo, Creatures, GAME FREAK, TV Tokyo, ShoPro, JR Kikaku, ©Pokémon
포켓몬스터, 포켓몬, Pokémon은 Nintendo의 상표입니다.

※본 제품은 한국 내 독점적 저작권 관리자인 ㈜포켓몬코리아와의 정식계약에 의해 생산되므로 무단 복제 시 법의 처벌을 받게 됩니다. 한국 내에서만 판매 가능.
※잘못된 제품은 구입처에서 교환해 드립니다.